사회복지자료분석론

김윤화 저

Data Analysis Methods in Social Welfare

학지사

머리말

통계는 어렵지만 상당히 매력적인 면이 있다. 통계는 사회복지 현장에서 열심히 일한 성과를 객관적으로 증명해 주어 사회복지의 자리매김을 당연시해 준다. 또한 우리가 만나는 대상자들의 보다 나은 욕구충족을 위한 과정에 현명한 도구로 쓰여져 어떤 욕구가 필요하고 우선시되어야 하는지에 관한 개입의 나침반이 되어 준다.

이러한 매력에도 쉽사리 마음이 열리지 않는 이유는 통계에 대한 동기형성과 첫걸음을 떼는 과정에서 세심한 도움의 손길이 부재하기 때문이다. 그동안 진행된 많은 통계 수업은 학생들로 하여금 '통계는 역시 나랑 안 맞아!'를 확인시켜 주곤 했다. 교과이수는 이미 마쳤고, 지도교수님께 논문 결과를 들고 가야 하는 과정 사이에는 적지 않은 기간의 공백이 발생한다. 실은 A부터 다시 묻고 싶은데 지도교수님께는 그런 세세한 것까지 여쭤 보긴 어렵다. 이때 나의 사정을 속속들이 이해하면서 내 시선에서 친절하게 잘 설명해 줄 수 있는 선배 한 명이 있다면 그만한 은인이 없을 것이다. 이 책은 바로 그 친절한 선배가 되어 줄 것이다. 안개가 자욱한 길에 환한 등불을 비춰 주는 것과 같은 도움이 독자에게 전달되도록 집필하고자 노력하였다. 따라서 일상에서의 쉬운 예시를 통한 접근부터 자세한 설명, 이해를 돕기 위한 반복 설명, 통계 시작부터 보고서 작성까지 가능하도록 한 실무적 성격의 책이다.

이 책의 목표는 사회복지 현장의 개입 결과들을 스스로 검증할 수 있는 능력을 갖추는 것이기에 도구로 쓰이는 통계적 접근에 초점을 두었다. 따라서 어려운 분석이나, 원리를 보여 주는 공식 등은 과감히 삭제하고 실무적 수준에서 필요한 것들을 중심으로 구성하였다. 이 책을 통해 기초가 다져졌다면, 이후에는 수준이 높은 다른 옥고들을 통해 실력을 향상하길 바란다.

이 책은 크게 네 Part로 구성되어 있다. 첫 번째 Part는 기본 개념으로 사회복지에서 자료분석이 필요한 이유와 통계의 기초개념들, 그리고 최근 들어 부각되고 있는 빅데이터에 관한 소개가 담겨 있다. SPSS의 환경 소개와 분석 전 단계에서 수행해야 하는 여러 종류의 자료변환을 기능별로 소개하였다. 두 번째 기초분석 Part에서는 초급 수준에서 기초통계로 활용되는 빈도분석, 기술통계분석, 다중응답분석, 신뢰도 분석에 관한 내용을 다루었다. 세 번째 집단 간 차이분석 Part에서는 본격적인 통계로 두 변수 이상의 관계나 차이를 분석하는 카이제곱검정, t-검정, 일원분산분석에 관한 내용을 다루었다. 네 번째 관계분석 Part에서는 상관관계분석과 회귀분석, 회귀분석의 확장인 조절 및 매개 회귀분석에 관해 다루었다. 마지막으로는 4차 산업혁명의 화두인 빅데이터를 다뤄 보는 첫걸음으로, 구글트렌드와 네이버 데이터랩을 이용하여 사회복지와 관련된 빅데이터 가용능력을 갖추도록 하는 내용을 다루었다. 각 Part는 먼저 이론을 학습하고, 이어 실습을 함께 수행한 뒤에, 마무리에는 스스로 변수를 선정하여 실습하고, 보고서 작성까지 해 보는 순서로 진행된다.

필자의 경험을 토대로 부족한 간극을 메우기 위해 나름 열심히 집필하였으나, 탈고를 마친 이 시점에도 부족한 점이 너무나 많음을 고백한다. 비판과 지적은 감사히 받아 새기고, 더 나은 발전을 위해 수정과 보완에 적극 반영하고자 하니 아낌없는 충고와 가르침을 바란다.

부족한 책의 출판을 허락해 주신 학지사 김진환 대표님과 유명원 부장님, 그리고 편집에 노고가 많았던 최주영 과장님께 감사의 말씀을 드리고 싶다. 또한 좋아하는 자료분석을 마음껏 할 수 있는 기회와 환경을 제공해 주신 유한대학교 손태용 교수님과 정현정 교수님, 늘 지지해 주시는 이채원 교수님, 송정부 교수님, 류호인 센터장님, 이시연 교수님께도 감사의 말씀을 드린다. 아울러 이 책이 사회복지 현장과 보다 가까울 수 있도록 실무적 고민을 함께 나눠 준 인천참사랑병원 이나래 실장님과 부평중부종합사회복지관 김민주 과장님, 송규성 팀장님께도 감사의 말씀을 전하고 싶다. 독자의 입장에서 꼼꼼하게 원고를 검토해 준 이은진 선생님과 2016년부터 지금까지 함께 호흡해 준 유한대학교 보건복지학과의 보물인 나의 학생들에게도 감사의 마음을 전한다. 마지막으로 부족한 제게 학문적 가교자의 달란트를 주신 하나님께 감사의 영광을 드리고, 나의 살아가는 이유이자 지지대가 되어 주는 가족들, 부모님, 시어머니, 남편, 예화부부, 화랑, 예랑에게도 감사의 마음을 전하고 싶다.

2019년 9월

유일한 박사님의 정신이 깃든 유한대 교정에서

차례

머리말 _ 3

사회복지자료분석의 기본 개념 / 9

00 증거기반실천을 위한 사회복지자료분석의 필요성 _ 11
01 통계분석을 위한 기본 개념 _ 15
02 빅데이터 활용하기 _ 25
03 코딩북 만들기 _ 39
04 SPSS 시작하기 _ 51
05 데이터 다루기 _ 63

기초분석 / 93

06 빈도분석 _ 95
07 기술통계분석 _ 105
08 다중응답분석 _ 113
09 신뢰도 분석 _ 127

PART 3

집단 간 차이분석 / 133

10 χ^2 검정 _ 135

11 t-검정 _ 145

12 일원분산분석 _ 157

관계분석 / 167

13 상관관계분석 _ 169

14 회귀분석 _ 177

15 조절회귀분석 _ 201

16 매개회귀분석 _ 213

17 사회복지현장의 빅데이터 분석과 활용 _ 229

참고문헌 _ 239

찾아보기 _ 241

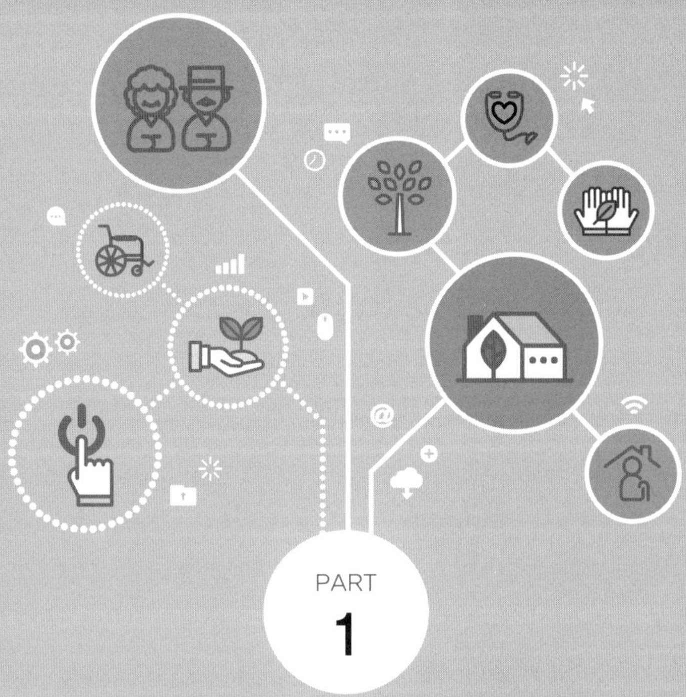

PART
1

사회복지자료분석의 기본 개념

Part 1은 본격적인 자료분석에 앞서 사회복지 조사에 관한 기초적이고 개념적인 내용에 관해 살펴보는 일종의 워밍업 단계이다.

먼저 사회복지 실천에 있어 자료분석이 왜 필요하며, 어떻게 활용되는지에 관해 이해하는 시간을 갖는다. 이어 자료분석의 기술적인 부분에 있어 가장 기초가 되는 통계의 기본 개념들을 학습하는 단계를 거친다. 마지막으로는 본격적인 자료분석에 앞서 갖추어야 할 기술적인 내용들을 살펴보는 단계로서, SPSS의 환경을 이해하고 데이터를 다루는 여러 기술에 관해 학습하고 실습하는 과정을 다룬다. 이는 집짓기에 있어 땅을 고르고, 연장들을 점검하는 기초공사에 해당되는 단계라 할 수 있다. 기초공사가 잘 된 땅 위에, 작업마다 필요한 연장을 빠른 속도로 정확하게 선택할 수 있는 능력을 갖춘다면, 견고하면서도 빠른 집짓기가 가능할 것이다. Part 1은 그러한 의미에서 통계의 기초를 단단하게 다지고 기본기를 익히는 단계로서 중요한 의미를 가진다고 할 수 있다.

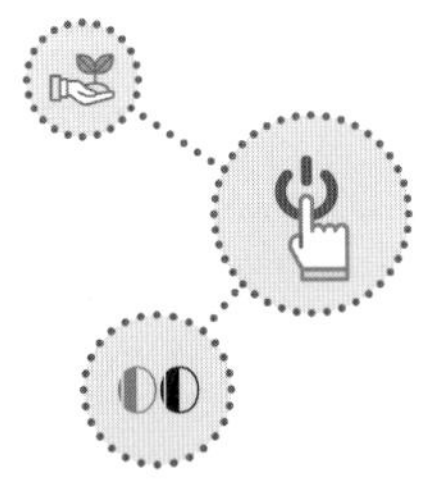

증거기반실천을 위한 사회복지자료분석의 필요성

임상가, 실천가로서의 당신은 위대한 챔피언!!

임상현장에서 오늘도 최선을 다하는 사회복지사는 다양한 복지대상자들의 욕구 실현이 가능하도록 분주하게 움직이고 있다. 복지대상자의 욕구는 다양하면서도 해결이 쉽지 않은 사안이 많다 보니 사회복지사의 개입활동은 더욱 바쁠 수밖에 없다. 매 순간 혼을 담아 열심히 개입하고 뛰어다니다 보면 개입의 효과성을 증명하는 일에는 소홀할 수 있다. 그러나 사회복지사가 열심히 수행한 일을 증명하는 일은 이제 선택이 아니라 필수이다.

사회복지현장에서의 개입은 목표달성이 되었는지를 검증하는 효과성과 적은 예산으로 보다 많은 효과가 창출되었는지를 검증하는 효율성을 고려하게 된다. 복지욕구를 가진 대상자에게 한정된 자원 안에서 효과적이고 효율적인 사회복지서비스 개입이 이루어지기 위해서는 대상자가 어떠한 욕구를 원하는지, 기관에서 개입한 서비스는 효과가 있었는지 등을 검증해야 한다. 이때 욕구영향요인, 서비스의 효과성 검증 등을 하기 위한 도구로 자료분석, 즉 통계가 이용된다. 사회복지사의 노력이 담긴 개입이 얼마나 효과적이고 효율적이었는지를 판단하기 위한 수단으로 우리는 증거기반실천(evidence-based practice)을 수행해야 한다. 증거기반실천이 수행되기 위해서는 이를 과학적으로 평가하는 방법론이 필요하다. 사회복지자료분석론을 배워야 하는 이유가 여기에 있다. 하나의 개입에 따른 분석은 일개 프로그램에 대한 성과 평가이지만, 여러 현장에서 일하는 사회복지사들의 개입 평가들이 모이면 하나의 이론이 만들어질 수 있다. 이러한 사회복지사들의 지식 축적을 위한 노력은 사회복지 지식의 확대에 기여하여 불완전한 지식을 보완·완성하고, 새로운 실천이론을 개발하는 데 일조한다(김영종, 2017).

정리하면, 전문가로서의 자리매김을 위한 근거, 보다 나은 프로그램의 개발, 공공재로 지원되는 사회적 서비스에 대한 책임성 입증 및 효율적인 예산 사용 등의 근거로 활용되기 위해 사회복지자료분석은 매우 중요한 것이라 할 수 있다. 사회복지사업은 대개 국가 예산으로 운영되므로 예산 사용에 대한 책임성, 대상자에게 보다 적합한 서비스가 실시될 수 있는 증거기반실천이 되기 위한 책임성을 실현하고자 서비스의 수행결과를 검증하는 분석은 반드시 필요하다.

사회복지사는 대상자들에게 최상의 서비스를 제공하기 위해 지식과 기술을 개발하는 데 최선을 다하며 이를 활용하고 전파할 책임이 있는 전문가이다. 이제 열심히 일만 할 것이 아니라 수행한 업무의 내용을 증명하고 입증하여 세상에 알리려는 노력도 지속해야 할 것이다.

그러한 역할을 가장 잘해 줄 수 있는 사람은 누구인가? 교수? 연구원?

아니다! 바로 그 현장에서 그 프로그램을 가장 잘 알고 복지대상자들과 함께 호흡하고 있는 사회복지사, 바로 여러분이다. 따라서 사회복지자료분석을 활용한 과학적이고 객관적인 검증절차에 사회복지사의 보다 적극적인 참여가 이루어져야 할 것이다.

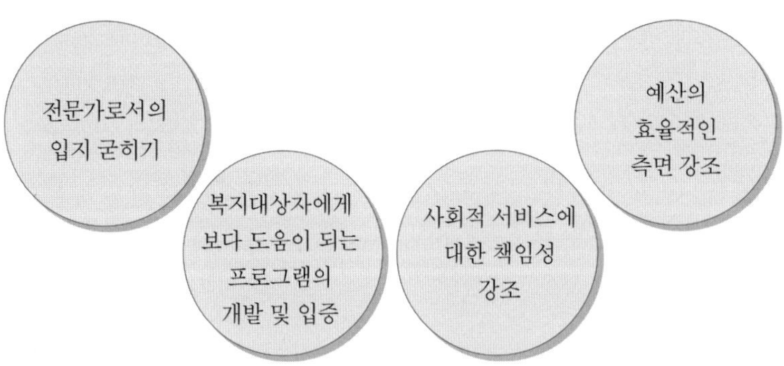

[그림 0-1] 사회복지사가 자료분석을 활용해야 하는 이유

다음의 질문에 대해 개별 혹은 조를 구성하여 응답하라.

1. 현재 진행을 구상하고 있는(혹은 진행 중인) 개입 프로그램은 무엇인가?

2. 프로그램을 통해 달성하고자 하는 목표는 무엇인가?

3. 달성하고자 하는 목표는 어떻게 측정할 것인가?

4. 개입 프로그램의 효과성이 입증된다면 어떠한 이점이 있는가?

통계분석을 위한 기본 개념

우리는 살아가면서 다양한 결정을 해야 한다. 결정에는 여러 가지 기준이 있는데, 대개 근거가 증명되어 다수의 사람들이 선택한 것을 취하게 된다. '근거가 증명되었다.'라는 것을 어떻게 알 수 있을까? 만약 그것이 어떤 증상 완화에 도움이 되는 약이라면, 임상 실험을 통해 증상 완화에 실질적으로 효과가 있었다는 것이 증명되었음을 의미하는 것일 것이다. 혹은 효과 증명이 아니라면, 다수가 이미 많이 사용하고 있는 다수 선택의 기준으로 결정을 내릴 수 있을 것이다. 다수가 선택했다는 것과 약이 효과가 있었다는 결과를 우리는 어떠한 경로를 통해 신뢰할 수 있을까? 여기에 통계학의 유용성이 제시될 수 있다.

통계란 어떠한 현상에 대한 사실을 수집 · 관찰하여 수량적으로 측정한 결과를 서술하거나, 일부에 대한 측정결과를 근거로 전체를 미루어 생각하는 절차를 말한다(송진영, 2018; 이창희 외, 2011). 통계는 이처럼 우리 일상생활에서 일어나는 여러 가지 현상들을 수량화하고 그것에 따른 의미를 도출하는 데 광범위하게 사용되고 있다. 특히 사회복지현장에서도 책임성 있는 실천이 강조되고 있는 만큼 열정적인 실천과 더불어 논리적인 증명을 위한 과학적 접근의 병행이 요구된다.

이를 위해 통계분석에 관한 기본적인 개념을 알아보면 다음과 같다.

1. 변수

변수(variable)는 통계분석에 있어 가장 기본적인 대상이며, 단위이다. 변수란, 양적연구방법론의 연구 대상이며 수로 나타낼 수 있는(numerical value) 개인적 · 사회적 속성을 의미한다. 즉, 변수는 변할 수 있거나 스스로 변이(variation)를 가지는 변할 수 있는 속성을 지닌 것이라 할 수 있다. 따라서 조사나 연구하고자 하는 속성이 숫자로 표현될 수 있어야 하며, 이는 경험적으로 관찰이 가능해야 한다. 사회과학에서 변수의 의미는 항상(constant)이 아닌 것을 의미하며, 이것이 없는 사회적 속성은 사회과학의 연구 대상이 아니다. 한편, 변할 수 있는 속성이 아닌 이미 지정된 값으로 정해진 것을 상수라고 한다.

사회과학에서는 직관적 · 논리적으로 측정가능한 변수(예: 수입, 교육연수)와 조작적 정의를 통해서 얻어지는 측정가능한 변수(예: 우울증, 자기존중감)가 있다. 즉, 직관적 · 논리적으로 측정가능한 변수는 직접적인 현상을 경험적으로 관찰한 결과를 통해 곧바로 얻어질 수 있는 값을 지닌 변수를 의미한다. 조작적 정의를 통한 변수는 직관적인 경험적 관찰을 통해 얻어지는 값이 아닌 우울 척도와 같이 응답자의 측정값으로 구해지는 변수이다. 따라서 직관적으로 측정 가능하지 않은 속성을 정의할 때는 세심한 주의가 필요하다.

변수의 적절한 선택과 측정은 양적연구의 준비 단계에서 가장 중요한 기초

작업으로서 마치 첫 단추를 꿰는 역할과 같은 기능을 하게 된다. 즉, 변수 선택이 잘못 이루어지면, 제대로 된 분석이 나올 수 없다. 첫 단추를 잘 꿰기 위한 가장 중요한 기초작업으로서 통계분석에 사용할 변수를 구분하는 것은 매우 중요하다. 선행 과목인 사회복지조사론에서 이미 다룬 내용이지만, 다시 한 번 변수의 종류를 정리해 보자. 변수의 종류는 크게 4가지로, 명목변수, 서열변수, 등간변수, 비율변수로 구분된다(〈표 1-1〉 참조). 크게는 명목변수와 서열변수는 비연속변수(불연속변수)로 값이 한정되어 있고, 주로 번호 기입 형태로 나타나는 변수가 속한다. 서열변수는 엄밀하게는 불연속변수이나 사

표 1-1 변수의 종류

구분	명목변수	서열변수	등간변수	비율변수
정의	속성들의 숫자가 의미를 갖지 않고 단지 분류 기호로만 취급하여 구분만 하는 형태의 변수. 상호 배타성과 포괄성을 지님	명목에 서열성이라는 하나의 정보가 더 추가된 것. 구분된 속성들에 서열을 매길 수 있는 수준으로 측정하는 변수. 각 값은 갈수록 높아지거나 갈수록 낮아지는 서열성을 띠나, 그 간격이 동일하다고는 볼 수 없음	서열등급에 '거리' 개념이 더해진 것. 개별 속성값 사이에 거리가 같다고 하여 등간변수라 칭함. 절대영점(0점)이 존재하지 않음	등간변수에 절대영점의 정보가 추가된 것. 가장 고차원적인 변수이자 사칙연산이 가능함
종류	비연속변수	비연속변수(엄밀하게는 불연속변수이나 사회과학에서는 때론 연속변수처럼 취급할 때가 많음)	연속변수	연속변수
예	성별, 계절, 종교 등	학점, 정치 성향(보수, 중도, 진보), 건강 상태(아주 좋음, 좋음, 보통, 나쁨, 아주 나쁨) 등	온도, 지능지수 등	월수입(원), 신장(cm), 몸무게(kg) 등
연습해 보기	예)	예)	예)	예)

회과학에서는 연구의 사용 목적에 따라 연속변수와 같이 취급하는 경우도 많다. 등간변수과 비율변수는 연속변수로 0, 1, 2, 3, 4…와 같이 보통 연속되는 형태의 값을 지닌다. 명목에서 비율로 갈수록 상위수준의 변수이며 연산의 수준도 높아진다.

또한 변수는 기능에 따라 각기 구별되는 속성을 가진다.

- 독립변수: 인과관계를 살피는 연구에서 독립적으로 기능하는 선행 역할로, 보통 원인이 되는 기능을 하는 변수를 독립변수라고 한다. 설명변수, 예측변수라고도 한다. 통상적인 위치는 연구제목에서 비교적 앞쪽에 위치하는 편이다.

  예) 치매부양가족의 사회적 지지가 부양부담에 미치는 영향
  └→ 독립변수

- 종속변수: 인과관계를 살피는 연구에서 독립변수에 후행하여 그에 따라 영향을 받는 결과 변수를 종속변수라고 하며, 결과변수라고도 한다. 통상적인 위치는 연구제목에서 비교적 뒤에 위치하는 편이다.

  예) 노인의 생활스트레스가 자아존중감에 미치는 영향
  └→ 종속변수

- 매개변수: 매개변수는 독립변수와 종속변수 사이에서 일종의 '징검다리' 기능을 수행하는 변수로, 독립변수에 있어서는 결과변수가 되고, 종속변수에 있어서는 원인변수가 된다. 매개변수는 독립과 종속 사이에서의 관계를 이어주는 기능을 수행하는 만큼 독립과 매개, 매개와 종속, 독립과 종속은 이론적인 강한 관계가 있어야 성립이 될 수 있다.

예) 청소년의 부모애착형성과 SNS 중독의 관계에서 자아탄력성의 매개효과
└→ 매개변수

- 조절변수: 독립변수와 종속변수 사이에서 이 둘 간의 관계를 조건 짓는 변수로 일종의 '수도꼭지 밸브' 역할을 한다. 즉, 조절변수가 높고 낮음에 따라 혹은 있고 없고의 수준 차이에 따라 종속변수의 영향력이 달라진다.
  예) 사회복지사의 직무 스트레스가 조직성과에 미치는 영향
  – 복지관장의 감정지능의 조절효과를 중심으로
  └→ 조절변수

2. 기술통계와 추리통계의 차이

통계분석은 자료분석 기능에 따라 크게 기술통계와 추론통계로 구분된다.

- 기술통계: 관찰 표본의 속성을 요약하는 것으로 주어진 표본의 자료로 변수의 특성을 기술하거나 그 관계를 밝히는 기능을 한다.
- 추리통계: 확률에 관한 이론에 기반해 추출된 표본을 통해 모집단의 특성을 추론, 즉 표본의 통계치를 가지고 모집단의 모수치를 추론 혹은 추정하는 기능을 한다.

3. 통계의 기본 개념

- 평균: 산술평균으로 자료의 합을 사례의 수로 나눈 값. 이상치에 의해 영향을 크게 받음
- 표준편차: 분산의 제곱근한 값으로 평균을 중심으로 자료가 흩어진 정도, 거리를 표준화한 값
- 분산: 평균을 중심으로 자료의 흩어진 정도를 측정한 값. 편차의 제곱의 합을 전체 사례 수로 나눈 값(분산=표준편차의 제곱)
- 중앙값: 전체 자료를 크기순으로 나열하였을 때, 가장 중앙에 위치하는 값으로 이상치(극단값)에 크게 영향을 받지 않음
- 최빈값: 전체 자료 중 가장 높은 빈도수를 가진 관찰값
- 최소값: 가장 작은 값
- 최대값: 가장 큰 값
- 범위: 전체 자료에서 가장 작은 값과 가장 큰 값의 차이, 거리
- 표준오차: 각 표본 평균들의 표준편차

이와 같은 통계치에 대한 예시를 들면 다음과 같다.

예시 1 **화랑복지관을 이용하는 참여자들의 총 이용기간(개월)**

대상자1	대상자2	대상자3	대상자4	대상자5	대상자6	대상자7	대상자8	대상자9	대상자10
2개월	5개월	60개월	5개월	12개월	14개월	5개월	5개월	7개월	8개월

통계치	예	SPSS 실행
평균	12.30개월	SPSS 실행 → 분석(A) → 기술통계량(E) → 빈도분석(F) → 통계량(S) → 표준편차, 분산, 범위, 최소값, 최대값, 평균의 표준오차, 평균, 중위수, 최빈값 클릭 → output 확인
표준편차	17.14	
분산	293.79	
중위수	6	
최빈값	5	
최소값	2	
최대값	60	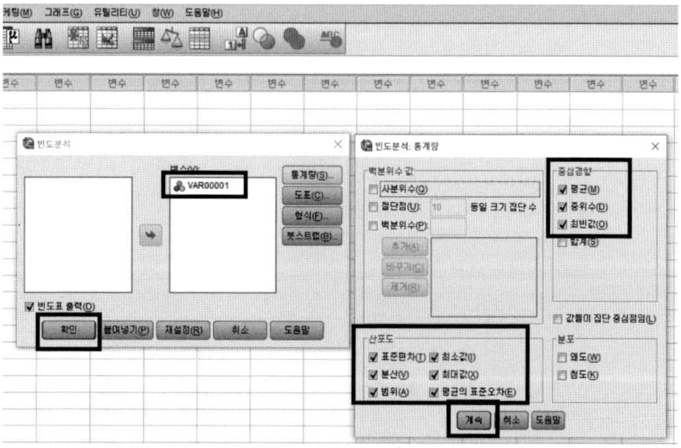
범위	58	
표준오차	5.42	

4. 통계 검증의 원리

통계 검증의 기본 원리는 법정에서 사용하는 '무죄 추정의 원리'를 따른다. 범죄를 저지른 여러 가지 증거들을 확인하는 방법보다 범죄를 저지르지 않았다는 것만 입증하는 것이 더 수월하기 때문이다. 따라서 범인이 아니라는 증거의 여부만 확인하는 원리를 적용한 것이다. 이것이 통계에서는 영가설(귀무가설: '돌아갈 곳이 없다.'의 한자어 뜻)을 통해 어떤 영향력의 통계적 차이나 프로그램의 사전 사후의 통계적 차이를 검증하는 방식이다.

모든 연구는 연구가설에서 출발한다. 즉, 연구가설 ⇨ 영가설(귀무가설) ⇨ 대립가설의 형태로 검증 절차를 밟는다. 연구가설은 연구를 통해 입증하고자 하는 둘 또는 그 이상의 변수 사이의 관계에 대한 잠정적인 진술이다. 따라서 "A와 B는 관련이 있다." 또는 "A가 증가하면 B도 증가한다."의 형태로 표현된다. 영가설 혹은 귀무가설은 연구가설을 반대로 표현하는 것으로 "A와 B는 관계가 없다." "A는 B에 영향을 미치지 않을 것이다."의 형태로 표현된다. 영가설 뒤에 제시되는 것은 영가설의 반대인 대립가설인데, 영가설의 참 또는 거짓 여부에 따라 기각 또는 채택이 결정된다. 사실상 연구가설과 대립가설은 같다.

모든 연구는 연구가설을 영가설의 형태로 표현한 후에 이를 가지고 검증을 하게 된다. 영가설을 통해 통계적 검증을 실시한 뒤에 영가설이 참이면(즉, "집단 간 차이가 없거나, 프로그램이 효과가 없다."가 맞는 답이라면) 대립가설은 기각하게 된다. 만약 영가설이 거짓이라면(즉, "집단 간 차이가 있거나, 프로그램이 효과가 있다."라는 것이 통계적으로 입증되면) 대립가설을 채택하게 된다. 예를 통해 살펴보면 다음과 같다.

표 1-2 통계검증의 원리

구분	예	비고	
연구가설	사회적 지지는 치매환자를 돌보는 보호자들의 우울 경감에 영향을 미칠 것이다.		
영가설 (귀무가설)	사회적 지지는 치매환자를 돌보는 보호자들의 우울 경감에 영향을 미치지 않을 것이다.	영가설 참 ⇩	영가설 거짓 ⇩
대립가설	사회적 지지는 치매 환자를 돌보는 보호자들의 우울 경감에 영향을 미칠 것이다.	영가설이 참이면, 대립가설 기각	영가설이 거짓이면, 대립가설 채택

그렇다면 통계적인 검증은 어떻게 이루어지는 것인가? 사회복지가 포함된 사회과학은 통상적으로 95%의 신뢰구간을 기본값으로 설정한다. 이 말은 통계적으로 유의하다는 것을 95%의 확신을 가지고 입증한다는 것이고, 5%는 오류가 나는 것을 허용하는 범위를 의미한다. 따라서 통계적 유의도는 5%를 소수점으로 바꾼 형태, 즉 0.05로 통계적 검증을 입증한다. 통계치에서 제시되는 유의확률 값인 p값이 0.05보다 미만일 때($p<.05$) 통계적으로 유의하다고 나타낼 수 있다.

통계적 유의확률은 그 정도에 따라 0.05보다 미만이면 $^{*}p<.05$, 0.01보다 미만이면 $^{**}p<.01$, 0.001보다 미만이면 $^{***}p<.001$이라 표현하며, 대개 통계표 하단에 이를 제시한다. 유의확률은 간혹 헷갈리는 경우가 많다. 통계결과는 앞의 0이 생략되니, 0.05를 .5와 혼동하는 문제가 생기기도 한다. 따라서 유념해서 소수점을 잘 살펴보아야 한다. 이제 다음의 예를 통해 통계적 유의도를 판단해 보자.

- 유의확률 p값이 .04이면 이는 통계적으로 유의한가?
- 유의확률 p값이 .2이면 이는 통계적으로 유의한가?
- 유의확률 p값이 .10이면 이는 통계적으로 유의한가?

유의확률 p값이 .000이면 이는 통계적으로 유의한가?

유의확률은 학문의 선호 스타일에 따라 앞서 제시한 것과 같이 '*'로 표시하기도 하고, p값을 직접 제시하기도 한다. 이는 선택 사항이므로 학문의 고유한 분위기, 출판하고자 하는 곳의 스타일 등을 확인하고 따르면 된다. 각각의 예시를 보면 다음과 같다.

예시 2

'*'로 표시하는 경우

구분	남자(n=7,267)		여자(n=8,722)		t
	평균	표준편차	평균	표준편차	
외래진료횟수	12.20	(21.22)	19.75	(32.52)	−17.654***

p값을 직접 제시하는 경우

구분	남자(n=7,267)		여자(n=8,722)		t	p
	평균	표준편차	평균	표준편차		
외래진료횟수	12.20	(21.22)	19.75	(32.52)	−17.654	.000

빅데이터 활용하기

4차 산업혁명시대에 사회복지는 무엇을 더 준비해야 하는가?

사회복지현장에서는 여전히 면대면의 직접조사를 통한 자료수집이 이루어지고 있다. 그러나 종단연구 수행이 필요한 경우, 대규모의 확률적인 표집이 필요한 경우, 예산의 문제로 기존에 조사된 데이터를 활용해야 되는 경우 등 다양한 이유로 이미 구축된 2차 자료, 즉 빅데이터를 활용하기도 한다. 앞으로는 정보활용의 가용능력이 관건이다. 즉, 정보를 누가 얼마나 어떻게 잘 다룰 수 있느냐가 중요한 관건이므로 사회복지 영역에서도 이제 빅데이터 다루는 능력을 갖추는 것은 꼭 필요한 일이라 하겠다.

이 장에서는 최근에 활발히 활용되고 있는 2차 자료 활용의 장단점 및 2차 자료의 종류에 대해 살펴보고자 한다.

1. 2차 자료

연구자가 직접 수집하는 1차 자료와는 달리 2차 자료는 조사목적에 도움을 줄 수 있는 기존의 모든 자료, 즉 연구자가 직접 자료를 수집하거나 작성한 1차 자료를 제외한 모든 자료를 말한다. 2차 자료의 종류에는 연구자가 종사하는 조직 내부의 자료와 타 기관에서 생성된 외부 자료가 있고, 자료의 출처에 따라 개인적 문서, 업무 서류철, 공공기관에서 구하는 자료 등이 있다. 통계분석에서 활용되는 2차 자료는 기성 자료이므로 수집이 쉽고, 비용이 저렴하며, 시계열 자료 등 계속적인 수집이 가능한 장점이 있는 반면, 자료수집 목적이나 측정단위, 조작적 정의 등이 현재 연구자가 필요로 하는 조사와 일치하지 않는 경우가 많다. 여기에서는 최근까지 많은 연구들에서 활용되고 있는 대표적인 빅데이터로 패널데이터에 관해 살펴보도록 하겠다.

표 2-1 1차 자료와 2차 자료 비교

구분	1차 자료	2차 자료
수집 목적	당면한 조사문제 해결	다른 목적
수집 과정	상당한 노력 필요	신속하고 쉬움
수집 비용	고비용	저비용
수집 기간	오랜 시간	짧은 시간

2. 2차 자료분석의 장단점

패널데이터는 2차 자료 중 가장 대표적인 것으로 확률표본추출에 의거하여 시행되는 전국구 데이터이다. 패널데이터는 체계적인 기반에 근거한 신뢰성 있는 조사방식에 의해 구축된 데이터이다. 빅데이터 활용능력이 요구되는 4차 산업혁명 시대를 맞이하여 사회복지사도 대규모의 데이터 활용 역량을 갖추는 것이 필요하다.

1) 2차 자료분석의 장점

① 2차 자료는 무엇보다도 시간과 경제면에서 경제적이다. 일반적으로 설문지 인쇄, 조사원 수당, 답례품 구입, 자료 처리 비용 등 많은 비용과 시간이 드는 자료수집과정을 거치지 않기 때문에 시간과 비용 측면에서 경제적이라고 할 수 있다. 또한 조사자가 관심을 가지고 있는 연구주제에 관해 이미 자료가 수집되었다면, 자료 수집에 쏟아야 하는 많은 시간과 노력을 절약할 수 있을 것이다. 따라서 조사자는 평소에도 관심 분야에 대해 유용한 정보를 제공하는 데이터베이스에 대해 알고 있어야 하며, 수시로 검색함으로써 새로운 조사결과에 대한 정보를 파악하기 위해 노력해야 한다.

② 2차 자료수집방법의 가장 큰 장점으로 부각되는 것이 장기간에 걸친 사회 문제 변화에 대한 분석과 비교조사가 가능하다는 것이다. 기존에 수집된 자료들을 활용하는 경우, 자료수집과정에서 발생하였던 오류가 이미 일반적으로 널리 알려지고 인정된 상태에 있다. 모든 조사는 대체로 몇 가지 한계점을 가지고 있다. 따라서 기존의 자료를 활용하는 경우 이미 존재하고 있는 한계점과 오류 등에 관해 조사자가 이를 인지한 상태에서 자료를 활용할 수 있다는 장점이 있다.

③ 장애인, 아동, 노인 등 인간을 대상으로 한 조사연구에 있어서 엄격히 적용되고 있는 기관생명윤리위원회(Institutional Review Board: IRB)의 심사

과정을 이미 거쳤기 때문에 IRB의 심사과정을 중복해서 받을 필요가 없는 이점도 있다. 이 역시 시간을 아낄 수 있는 효용성이 큰 부분이다.

④ 이미 존재하고 있는 자료를 활용하기 때문에 조사자는 자료수집과정 중에 조사대상자와의 상호작용을 걱정할 필요가 없다. 즉, 조사대상자와 직접적인 상호작용이 없는 상태에서 자료를 수집하기 때문에 자료수집과정에서 조사자가 조사대상자에게 미치는 영향과 조사대상자의 반응성, 자료수집과정에서 발생할 수 있는 조사대상자의 권익을 해칠 가능성(사생활 침해, 익명성)에 대한 염려를 하지 않아도 된다.

이와 같이 2차 자료는 찾아내기 힘든 연구대상에 대한 접근, 변화추이의 연구, 비교연구 등이 용이한 장점을 가지고 있다. 하지만 이러한 장점에도 불구하고 다음과 같은 2차 자료의 한계가 조사연구를 수행하는 데 어려움이 될 수 있다.

2) 2차 자료분석의 단점

① 2차 자료는 그 자료를 수집한 패널이 추구하는 목적에 따라 수집된 데이터이다. 따라서 현재 수행하고자 하는 연구 목적과 부합되지 않을 수도 있고, 연구문제에 대한 답을 적절하게 제시할 수 없는 한계가 있을 수 있다. 확률표본에 의거하여 자료가 수집되었기 때문에 신뢰할 만한 자료이지만, 변수의 종류, 측정방법, 표본 등이 정확하게 현재의 조사문제나 연구목적과 부합되지 않을 때 연구문제의 정확한 답을 찾기 어려운 문제가 있을 수 있다. 따라서 이 문제에 대한 심사숙고가 요구된다.

② 자료구축 시점에 따라 조사자는 조사에 필요한 가장 최근의 자료를 구

할 수 없는 경우가 종종 있다. 왜냐하면 보통 사회복지기관이나 공공기관에서는 가장 최근의 자료를 생산하는 데 통상 6개월에서 1년 정도가 소요되기 때문이다. 만약 그사이 정책 변화가 있었다면, 자료와 현실 사이에 차이(gap)가 존재할 가능성도 있다.

3. 활용 가능한 2차 자료 소개(패널데이터)

빅데이터를 중심으로 사회현상을 분석하는 4차 산업혁명 시대에서 데이터 활용능력은 중요시되고 있다. 사회복지분야에서는 빅데이터를 활용하여 활발한 연구가 수행 중인 가운데, 2차 자료인 패널데이터의 활용이 대중화되고 있다. 특히 알고자 하는 현상의 인과관계를 밝히고, 종단적인 변화를 살펴보는 데 있어 유용하게 활용될 수 있는 패널데이터는 동일한 대상자를 해마다 추적하여 재조사하는 방식으로 많은 연구자들이 이를 연구 데이터로 적극 활용하고 있다. 범국가적 데이터로 구축되고 있을 뿐 아니라, 사회복지 기관 및 재단, 협회 등에서도 각 기관별로 종단 데이터를 구축하려는 노력을 시도하고 있어 향후 빅데이터가 중심이 되는 분석이 활발히 활용될 것으로 보인다.

여기서는 사회복지분야에서 많이 활용되는 몇 개의 대표적인 패널데이터를 소개하고자 한다. 각 패널조사는 시간 경과에 따라 종단으로 구축되고 있으므로 필요한 경우 각 패널의 사이트를 방문하여 최신 버전에 관한 정보를 수집해야 한다. 또한 연중 패널데이터에 관한 설명회 및 관련 연구를 발표하는 자리도 있으니 공지사항 등의 정보를 수시로 확인해야 한다. 각 패널별 URL을 제시하였으나, 경우에 따라 패널의 통폐합이나 사이트 이동 등의 사유로 주소 확인이 안 되는 경우에는 인터넷 검색창에 패널명을 입력하고 찾도록 한다. 또한 빅데이터는 현재도 새로이 구축되고 있으므로 각 관심 분야별로 정보 검색을 해야 한다.

친절한 TooMuchInformation

패널데이터별로 학술대회 개최를 위해 연구계획서를 모집하기도 한다. 연구계획서 서류 작성은 비교적 간단하고 심사가 아주 까다롭지는 않으니 연구계획서를 제출해 보자. 이렇게 인연을 맺어 두면, 이후로는 각 패널에 대한 정보를 이메일로 편하게 받아 볼 수 있다.

1) 한국복지패널

- 패널 소개: 한국복지패널(Korea Welfare Panel Study)은 IMF 경제위기 이후 빈곤층, 근로빈곤층(working poor), 차상위층(near poor)의 가구 형태, 소득수준, 취업 상태가 급격히 변화하고 있는 상황에서 이러한 계층의 규모 및 생활실태 변화를 동태적으로 파악함으로써 정책형성에 기여함과 동시에 정책지원에 따른 효과성을 제고하고자 만들어진 패널이다. 연령, 소득계층, 경제활동 상태 등에 따른 다양한 인구집단별로 생활실태와 복지욕구 등을 역동적으로 파악하고 정책집행의 효과성을 평가함으로써 새로운 정책의 형성과 제도적 개선 등 정책 환류에 기여하고자 하였다. 2006년 1차년도로 시작한 패널은 2018년 13차년도까지 자료가 공개된 상태이다.
- URL: https://www.koweps.re.kr:442/main.do

2) 한국아동 · 청소년패널조사

- 패널 소개: 한국아동 · 청소년패널조사(Korean Children & Youth Panel Survey: KCYPS)는 아동 · 청소년기의 급속한 신체변화와 인지발달, 생활반경과 사회관계의 확대 등 변화가 많은 시기에 경험하는 다양한 측면들의 종단적인 변화를 측정하기 위해 구축된 패널조사이다. 아동 · 청

소년을 대상으로 한 패널조사는 그들이 시간의 연속선상에서 어떤 성장과 발달과업 및 발달과정을 거치게 되는지, 또한 그 과정에서 겪게 되는 문제들과 그 요인은 무엇인지에 대한 많은 학문적 · 정책적 시사점을 제공할 수 있다. 한국아동 · 청소년패널조사는 한국청소년패널조사(2003~2008년)의 후속연구로서, 아동 · 청소년 성장과 발달의 다양한 양상을 종합적으로 파악하는 것을 목적으로 하고 있다. 2010년에 표집된 3개 패널 총 7,071명의 청소년을 대상으로 2016년까지 7개년에 걸쳐 추적조사를 실시하였으며, 매년 조사 데이터의 일반 공개, 패널 학술대회 개최, 데이터 분석 보고서 발간 등을 통해 연구성과의 사회적 확산을 위한 사업을 전개하고 있다. KCYPS의 표본은 2010년 기준 전국의 초등학교 1학년과 4학년, 중학교 1학년 재학생을 모집단으로 하여 다단층화집락표집 방식으로 추출되었다.

- URL: http://www.nypi.re.kr/archive/contents/siteMain.do

3) 다문화청소년패널조사

- 패널 소개: 우리사회에 다문화적 배경을 지닌 사람들이 증가하게 됨에 따라 다문화가정의 자녀도 점차 증가하고 있으며, 증가 추세는 계속 이어질 것으로 예측되고 있다. 다문화청소년패널조사(MAPS)는 다문화청소년의 발달특성에 대한 보다 객관적이고 면밀한 분석 없이 이들에 대한 사회적 고정관념이 강화되는 현상이 지속될 경우 우리사회의 사회적 통합에 저해요소로 작용될 가능성이 있고, 다문화청소년 개인적으로도 부정적 자아상을 내면화시키는 등 바람직하지 못한 결과가 나타날 수 있다는 문제의식으로부터 조사가 시작되었다. 이러한 문제의식으로부터 시작하여 한국청소년정책연구원에서는 다문화청소년의 발달을 종단적으로 추적하고 비(非)다문화 청소년과의 비교를 통해 다문화청소년에

대한 보다 객관적인 특성을 파악하고자 2011년부터 다문화청소년과 그들의 부모를 대상으로 패널을 구축하여 2016년까지 총 6개년에 걸친 종단조사를 실시하였다. 이 조사는 다문화청소년 및 그들의 어머니를 대상으로 다문화가정 자녀의 배경특성, 학교생활영역, 심리사회적응영역, 신체발달영역, 부모자녀관계영역, 정책지원영역 등 다양한 영역에 대한 종합적 조사가 이루어졌고, 매년 조사결과를 기초로 한 정책연구가 함께 이루어졌다.

- URL: http://www.nypi.re.kr/archive/contents/siteMain.do

4) 한국아동패널

- 패널 소개: 우리나라 영유아의 건강한 성장과 발달에 적합한 육아환경을 모색하기 위한 종단연구 패널데이터이다. 2008년도 1차년도에 시작한 한국아동패널조사는 2027년까지 매해 실시될 예정이다. 조사 내용은 아동과 이들을 둘러싼 환경을 체계적으로 유목화하여, 아동특성, 부모특성, 가족특성, 학교특성, 육아지원서비스 특성, 지역사회 특성, 육아지원정책 특성에 걸쳐 광범위하게 수집된다. 한국아동패널은 국가 수준의 신생아 패널을 구축함으로써 단일 연령 집단의 횡단적인 자료를 광범위하게 제공할 뿐 아니라, 이들의 발달상의 변화와 주변 환경에서 제공되는 경험을 지속적으로 조사함으로써 우리나라 아동의 발달, 부모양육 및 육아지원기관을 둘러싼 변화와 인과관계를 밝히는 데 도움이 될 것이다. 또한 이렇게 수집한 자료를 대외적으로 공개하고, 학술대회 개최 등을 통해 관련 연구와 논문을 활성화시킴으로써, 향후 한국의 육아정책 발전에 귀중한 초석을 마련할 것으로 기대된다.
- URL: http://panel.kicce.re.kr/kor/index.jsp

5) 고령화연구패널조사

- 패널 소개: 우리나라는 2000년 65세 이상 인구가 전체 인구의 7%를 넘어서게 됨에 따라 고령화사회로 진입하였고, 앞으로 빠른 속도로 초고령사회를 맞을 것으로 예상된다. 그러나 현재 상황에서는 고령화에 대한 기초적 자료가 미흡한 실정으로 체계적인 통계자료 구축이 우선적으로 필요한 실정이다. 고령화연구패널조사(KLoSA)는 향후 초고령사회로 변화해 가는 과정에서 효과적인 사회경제정책을 수립하고 시행하는 데에 활용될 기초자료를 생산하는 데 그 목적을 두고 있다. 고령화연구패널조사는 2006년 당시 제주도를 제외한 지역에 거주하는 45세 이상 중고령자 중 일반 가구 거주지를 대상으로 표집 및 조사를 실시하였으며, 2006년부터 짝수 연도에는 동일한 조사 항목을 중심으로 기본조사를 실시하고, 2007년부터 홀수 연도에는 기본조사에 포함되지 않은 내용을 중심으로 특정 주제를 정하여 조사를 실시하고 있다. 2018년 현재 제7차 기본조사를 완료하였다.
- URL: http://survey.keis.or.kr/klosa/klosa01.jsp

6) 노인실태조사

- 패널 소개: 노인실태조사는 우리나라 노인의 다각적인 생활 현황과 욕구를 파악하고 노인특성의 변화추이를 예측함으로써 현재의 노인정책 및 향후 다가올 고령사회에 적절히 대응할 수 있는 정책개발을 위한 기초자료를 제공하는 것을 목적으로 하고 있다. 만 65세 이상 노인을 대상으로 1994년부터 3~4년을 주기로 조사되고 있다. 노인실태조사는 보건복지데이터 포털 내에 속해 있으며, 마이크로데이터 창에서 데이터 사용신청 후 사용이 가능하다. 노인실태조사는 2018년 현재 2017년 조사 데

이터가 공개된 상태이다.

- URL: https://data.kihasa.re.kr/index.jsp

7) 장애인실태조사

- 패널 소개: 장애인실태조사는 장애출현율을 통한 장애인구 규모 제시와 장애인의 인구사회학적 특성, 장애유형별 장애특성, 보건 및 교육 특성, 경제적 특성, 복지서비스 이용 및 욕구 등에 관한 구체적인 실태를 파악하여 장애인 정책수립을 위한 기초자료를 제공하기 위함으로 3년을 주기로 구축되고 있다. 장애인 실태조사는 보건복지데이터 포털 내에 속해 있으며, 마이크로데이터 창에서 데이터 사용 신청 후 사용이 가능하다. 장애인실태조사는 2018년 현재 2017년 조사 데이터가 공개된 상태이다.
- URL: https://data.kihasa.re.kr/index.jsp

8) 여성가족패널

- 패널 소개: 여성의 경제활동과 가족생활에 관한 입체적인 분석에 기초한 여성정책의 수립과 평가를 위해서는 여성의 삶에 대한 종단면 자료의 구축이 필수적이다. 이에 한국여성정책연구원은 2006년부터 여성가족패널(Korean Longitudinal Survey of Women and Familles) 연구사업을 시작하여 전국 대표성을 갖춘 9,068가구에 거주하는 만 19세 이상 만 64세 이하 여성 9,997명을 패널로 구축하고 제1차 본조사(2007년), 제2차 본조사(2008년), 제3차 본조사(2010년), 제4차 본조사(2012년), 제5차 본조사(2014년), 제6차 본조사(2016년)를 완료하였다.
- URL: http://klowf.kwdi.re.kr/

9) 청년패널조사

- 패널 소개: 청년패널조사(Youth Panel)는 청년층의 학교생활, 사회 · 경제활동, 가계배경 등을 반영하는 기초자료를 수집하여 청년실업 해소를 위한 고용정책의 수립 및 관련 연구 발전에 기여할 목적으로 2001년 예비조사를 시작으로 1차 프로젝트(YP2001)는 2006년까지 6차례에 걸쳐 조사가 이루어졌다. 기존 패널의 연령 증가에 따른 저연령대 청년 통계를 보완하고, 현 청년노동시장 및 학교생활의 대표통계를 제공하고자 2007년을 기점으로 새롭게 만 15~29세 청년을 표본으로 구성하여 2차 프로젝트(YP2007)를 구축하였으며 현재 계속 추적 조사가 진행되고 있다. 앞으로, 청년패널데이터가 장기간에 걸쳐 구축될 경우 청년층의 학교에서 직업으로 이행과정 및 노동시장 경로(career path)에 대한 광범위한 자료를 획득할 수 있으며, 청년층과 관련된 여러 측면의 현황 파악은 물론 교육 · 훈련 · 고용안정을 위한 정책자료와 관련 연구자료로 활용도가 매우 높을 것으로 기대된다.
- URL: https://survey.keis.or.kr/yp/yp01/yp0101.jsp

10) 산재보험패널조사

- 패널 소개: 산재보험패널조사는 산업재해와 산재보험제도가 지니는 사회적 · 국가적 의미와 역할 논의하기 위해 산재근로자를 모집단으로 하여 재해를 당한 노동자 본인과 가족을 대상으로 객관적인 자료와 정보 수집 및 나아가 정책적 대안 마련을 위해 2013년부터 실시되었다. 산재보험패널조사는 산재노동자의 의료적 치료 종결(요양종결) 이후의 상황을 종합적으로 진단하고, 산재보험서비스를 평가할 수 있는 객관적 자료를 생산하는 조사로 산재 노동자의 개인 특성, 재해 상황, 사회적 특성 및

경제적 특성을 실제 면접조사와 공단이 보유한 데이터베이스를 이용하여 수집 · 생산한 자료로 구성된다. 제1차 코호트 조사(cohort study)는 2013년부터 2017년까지 총 5차년도에 걸쳐 80% 이상의 높은 표본율을 유지한 채 마무리되었고, 2018년부터는 제2차 코호트 조사가 새로 시작되어 현재는 2차 코호트 조사의 1차년도까지 공개된 상태이다(2022년까지 5차년도에 걸쳐 진행).

- URL: http://www.kcomwel.or.kr/Researchinstitute/index.do

11) 지역아동센터 아동패널

- 패널 소개: 한국청소년정책연구원의 취약계층 아동 · 청소년 종단조사(2011~2012) 일환으로 구축된 지역아동센터 이용아동 패널을 보건복지부와 지역아동센터중앙지원단에서 패널조사를 지속하고 있다. 이 조사는 지역아동센터 이용아동을 대상으로 하여 아동의 개인 발달 관련, 발달 환경, 센터 이용 등의 문항으로 구성되어 있다. 이 데이터는 2011년부터 2018년까지 조사된 자료가 공개되어 있는 상태이다.
- URL: https://www.icareinfo.go.kr/main.do

12) 한국의료패널

- 패널 소개: 한국의료패널(Korean Health Panel)은 한국보건사회연구원과 국민건강보험공단이 공동으로 수행하는 조사로 보건의료비용과 의료비 지출 수준의 변화를 파악하여 보건의료정책 및 건강보험정책 수립의 기초자료로 활용되고 있다. 우리나라는 소득수준의 향상, 만성질환의 증가, 의료의 보장성 강화, 다양한 진료행위 및 의료기술 발전, 고령화, 민간보험의 활성화 등으로 보건의료부문이 급속하게 변화하고 있으며, 의

료비 증가는 더욱 가속화될 전망이다. 이에 따라 보건의료부문의 효율성·효과성·형평성이라는 정책목표를 제고할 수 있는 근거를 마련하고 보건재정에 대한 부담을 적정화하기 위해 우선의료이용과 의료비 지출에 대한 기초 자료 생산이 필요하며, 특히 비급여 및 일반의약품비 등을 포함한 본인부담 의료비에 관한 기초 자료가 미흡한 실정으로, 신뢰성 있는 통계와 정책적으로 활용 가치가 높은 자료에 대한 요구가 증대되고 있다. 이에 한국보건사회연구원과 국민건강보험공단은 컨소시엄을 구성하여 보건의료이용실태와 의료비 지출수준, 건강수준 및 건강행태 등에 관한 기초자료를 생산하기 위하여 전국 규모의 한국의료패널 조사사업을 공동으로 수행하고 있다. 한국의료패널은 2008년에 1차년도 본 조사를 시작으로 현재까지 매년 조사가 진행되고 있으며, 2016년도에 조사된 데이터까지 공개된 상태이다.

- URL: https://www.khp.re.kr

13) 재정패널

- 패널 소개: 한국조세재정연구원에서는 조세 및 재정정책을 연구하고 분석하는데 활용할 수 있는 실증자료를 수집하고자 2008년부터 매년 재정패널조사를 실시하고 있다. 재정패널조사는 조세정책과 복지정책이 개별 경제주체인 가계에 미치는 영향을 분석하고, 소득·지출·조세·복지수혜를 포괄하는 자료를 통합함으로써 국민의 조세부담과 복지수혜의 연계성을 분석하는 데 유용한 자료로 2018년 현재 10차까지 데이터가 공개된 상태이다.
- URL: http://panel.kipf.re.kr/

가상의 연구주제 만들기

각 패널 사이트를 방문하여 데이터와 코딩북, 설문지 등을 다운받고 패널에 적합한 연구주제 및 간략한 조사설계를 수행해 보자.

- 사용 패널:

- 가상의 연구주제:

- 사용할 주요 변수:

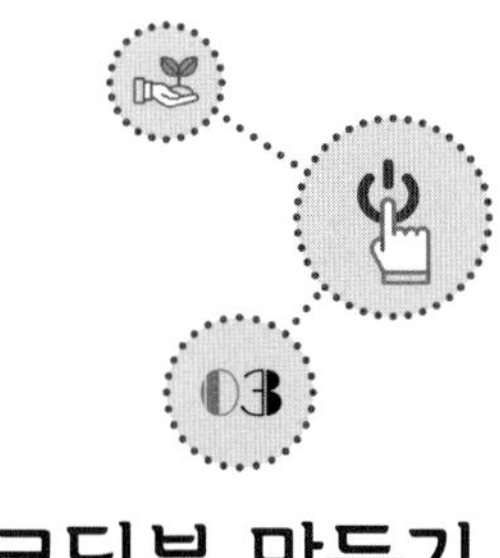

코딩북 만들기

코딩북(coding book)은 수집된 자료들(설문지 혹은 프로그램 사전 · 사후 값)에 숫자 또는 문자와 같은 기호를 부여한 자료로서, 설문지의 서술형 정보를 변수명, 변수값 등 데이터 입력을 할 수 있도록 이에 관한 정보를 간단하고 일목요연하게 기록해 놓는 연구의 소통이 되는 자료이다. 코딩북은 간단한 형식이지만, 입력할 변수에 대한 구체적인 내용과 변수값 등 필요한 정보가 모두 포함되어야 한다. 코딩북은 설문조사가 완료된 후 자료분석 수행 전에 작성하며, 코딩북 형식은 연구자의 선호에 따라 다양하게 만들어질 수 있는데, 대표적인 예는 〈표 3-1〉과 같다.

이 책에 활용된 데이터는 복지 정보를 가장 포괄적으로 담고 있는 한국복지패널의 13차년도(2018년) 자료를 사용하였다. 한국복지패널의 자료는 매우 방대하고 변수명이 복잡하여 여기에서는 실습에 필요한 변수들만 일부 추출하였고, 편의상 쉬운 변수명으로 수정하였다.[1)]

표 3-1 실습데이터 코딩북

변수명	설명	변수값		비고
id	개인 ID			직접 입력
pre	가족역량 프로그램 사전			직접 입력
after	가족역량 프로그램 사후			직접 입력
adlpre	일상생활프로그램 사전			직접 입력
adlafter	일상생활프로그램 사후			직접 입력
income	균등화소득에 따른 가구구분 (중위 60% 기준)	① 일반가구	② 저소득 가구	
family	가구원수			직접 입력
sex	성별	① 남	② 여	
year	태어난 연도			직접 입력
education	교육수준	① 미취학 ③ 초등학교 ⑤ 고등학교 ⑦ 대학교 ⑨ 대학원박사	② 무학 ④ 중학교 ⑥ 전문대학 ⑧ 대학원석사	
marriage	혼인 상태	⓪ 비해당 ② 사별 ④ 별거 ⑥ 기타(사망 등)	① 유배우 ③ 이혼 ⑤ 미혼	
religion	종교 유무	① 종교있음	② 종교없음	

1) 실습용 데이터는 학지사 홈페이지(http://www.hakjisa.co.kr)에서 내려받을 수 있다.

변수명	설명	변수값	비고
health	건강상태	① 아주 건강하다 ② 건강한 편이다 ③ 보통이다 ④ 건강하지 않은 편이다 ⑤ 건강이 아주 안 좋다	
med1	1년간 의료기관 이용 외래진료횟수(회)		직접 입력
med2	입원횟수(회)		직접 입력
med3	입원일수(일)		직접 입력
med4	1년간 건강검진횟수(회)		직접 입력
med5	만성질환	⓪ 비해당 ① 3개월 미만 투병, 투약 중 ② 3개월 이상 6개월 미만 투병, 투약 중 ③ 6개월 이상 투병, 투약중	
job	주된 경제활동 참여상태	① 상용직임금근로자 ② 임시직임금근로자 ③ 일용직임금근로자 ④ 자활근로, 공공근로, 노인일자리 ⑤ 고용주 ⑥ 자영업자 ⑦ 무급가족종사자 ⑧ 실업자 ⑨ 비경제활동인구	
home1	주택구입비용, 보증금 마련 경로(1순위)	① 자신의 돈 ② 무상으로 도움을 받음 ③ 부모, 형제, 친척, 친구 등으로부터 빌림 ④ 금융기관으로부터 빌림 ⑤ 사채	
home2	주택구입비용, 보증금 마련 경로(2순위)		
home3	총생활비(만 원)		직접 입력
welfare1	(가) 생계비 지원 경험여부	⓪ 없다 ① 있다	
welfare2	(나) 의료비 지원 경험여부		
welfare3	(다) 물품지원 경험여부		

변수명	설명	변수값		비고
welfare4	(라) 가정봉사서비스 경험여부	⓪ 없다	① 있다	
welfare5	(마) 식사배달서비스 경험여부			
welfare6	(바) 주택관련서비스 경험여부			
welfare7	(사) 직업훈련, 취업상담, 취업알선, 자활근로 경험여부			
welfare8	(아) 상담서비스 경험여부			
welfare9	(자) 생계 등을 위한 대출 경험여부			
welfare10	(차) 개인발달계좌(자산형성프로그램) 경험여부			
elder1	(가) 기초연금 지원 경험여부	⓪ 없다	① 있다	
elder2	(나) 의료비 지원 경험여부			
elder3	(다) 노인 무료 급식 경험여부(본인부담금 없음)			
elder4	(라) 물품지원 경험여부(식료품, 의류, 가구 등)			
elder5	(마) 가정봉사 서비스 경험여부(청소, 세탁, 식사 준비 등)			
elder6	(바) 식사 배달 서비스 경험여부			
elder7	(사) 방문 가정간호, 간병, 목욕 서비스 경험여부			
elder8	(아) 이동편의 서비스 경험여부(병원동행 등)			
elder9	(자) 주야간보호 서비스 경험여부			

변수명	설명	변수값		비고
elder10	(차) 노인일자리사업 경험여부	⓪ 없다	① 있다	
elder11	(카) 사회교육 서비스 경험여부(한글교실, 생활요가, 노래교실 등)			
problem1	1년간 근심이나 갈등을 초래한 문제(1순위)	⓪ 정신건강 ② 가구원의 취업 및 실업 ④ 가구원의 건강 ⑥ 가족 내 폭력 ⑧ 가구원의 가출 ⑩ 기타	① 경제적 어려움 (부채 또는 카드 빚 문제) ③ 자녀교육 및 행동 ⑤ 가구원의 알코올 ⑦ 가구원 간 관계 ⑨ 주거 관련 문제 ⑪ 자녀의 결혼문제	
problem2	1년간 근심이나 갈등을 초래한 문제(2순위)			
internet	인터넷 사용 여부	① 그렇다	② 아니다	
a1	건강 만족도	① 매우 불만족 ③ 그저 그러함 ⑤ 매우 만족	② 대체로 불만족 ④ 대체로 만족	9: 결측값
a2	가족의 수입 만족도			
a3	주거 환경 만족도			
a4	가족관계 만족도			
a5	직업 만족도			
a6	사회적 친분관계 만족도			
a7	여가생활 만족도			
a8	삶의 만족도			
social1	대부분 사람들을 믿을 만한지에 대한 견해	① 대부분의 사람들은 믿을 만하다 ③ 잘 모르겠다	② 매우 조심해야 한다	

변수명	설명	변수값	비고
social2	위급한 사람을 도와줄 용의	① 전혀 그렇지 않다 ② 별로 그렇지 않다 ③ 보통이다 ④ 대체로 그렇다 ⑤ 매우 그렇다	
social3	비선호시설 입지를 받아들일 용의		
social4	자원봉사활동 여부	① 자원봉사하고 있음 ② 자원봉사 안 함	
social5	연간 기부 총액(만 원)		직접 입력
social6	자원봉사활동 연간 횟수(회)		직접 입력
role1	여성의 전일제근로가 가족생활을 힘들게 함	① 전혀 그렇지 않다 ② 그렇지 않다 ③ 그저 그렇다 ④ 그렇다 ⑤ 매우 그렇다	
role2	미취학 아동의 어머니가 일을 할 경우 미취학 아동에게 나쁨		
role3	전업주부로 일하는 것은 밖에서 돈을 버는 것만큼 중요함		
role4	남성의 임무는 밖에서 돈을 버는 것이고, 여성의 임무는 가정과 가족을 돌보는 것임		
role5	남성과 여성 모두 가구소득에 기여해야 함		
role6	가정생활은 나에게 스트레스를 줌		
role7	가족에 대한 책임을 다하기가 어려움		
role8	가족에 대한 책임 때문에 직장에서 일을 집중하기가 어려움		
cigar1	현재 담배를 피우는지 여부	① 피움 ② 피우지 않음	

변수명	설명	변수값	비고
cigar2	하루 평균 흡연량(개비)		직접 입력
cigar3	최근 1년동안 담배를 끊고자 하루 이상 금연한 적이 있는지 여부	① 예 ② 아니요	9: 결측값
cigar4	앞으로 담배를 끊을 계획이 있는지	① 1개월 안에 금연할 계획이 있다 ② 6개월 안에 금연할 계획이 있다 ③ 6개월 이내는 아니지만 언젠가는 금연할 계획이 있다 ④ 현재로서는 전혀 금연할 계획이 없다	9: 결측값
al1	1년간 평균 음주량	① 월 1회 이하 ② 월 2~4회 ③ 주 2~3회 ④ 주 4회 이상 ⑤ 전혀 마시지 않는다	
al2	음주 시 마시는 술잔 횟수	① 1~2잔 ② 3~4잔 ③ 5~6잔 ④ 7~9잔 ⑤ 10잔 이상	9: 결측값
al3	한 번에 술좌석에서 6잔 이상 마시는 경우	① 전혀 없다 ② 몇 달에 한 번 정도 ③ 한달에 한두 번 정도 ④ 일주일에 한두 번 정도 ⑤ 거의 매일	
b1	술을 마시기 시작하면 중간에 그만둘 수 없었던 경험	① 전혀 없음 ② 몇 달에 한 번 ③ 한 달에 1~2번 ④ 주 1~2번 ⑤ 거의 매일	
b2	해야 할 일을 술 때문에 하지 못한 경험		
b3	과음을 한 다음날 해장술을 마셔야 했던 경험		
b4	술을 마신 후에 좌절감을 느끼거나 후회한 경험		
b5	술 마시고 필름이 끊긴 경험		

변수명	설명	변수값		비고
b6	(바) 술로 인해 자신이 다치거나 다른 사람을 다치게 한 경험	① 전혀 없음 ③ 지난 1년 동안 있었음	② 과거에는 있었지만 지난 한 해 동안 없었음	
b7	(사) 주변 사람들이 귀하의 음주를 걱정하거나, 술을 줄이도록 권한 경험			
c1	(가) 술을 줄여야 한다고 느낀 경험	① 예	② 아니요	9: 결측값
c2	(나) 술로 인해 비난받는것을 귀찮아하는 느낌			
c3	(다) 술 마시는 것에 대한 죄책감			
c4	(라) 숙취제거를 위해 아침에 술을 마신 경험			
d1	식욕이 없음	① 극히 드물다 (일주일에 1일 미만) ③ 종종 있었다 (일주일에 3~4일간)	② 가끔 있었다 (일주일에 1~2일간) ④ 대부분 그랬다 (일주일에 5일 이상)	
d2	비교적 잘 지냈다(*)			
d3	상당히 우울			
d4	모든 일이 힘들게 느껴짐			
d5	잠을 설침			
d6	외로움			
d7	불만 없이 생활(*)			
d8	사람들이 차갑게 대하는 것 같은 느낌			
d9	마음이 슬펐다			
d10	사람들이 나를 싫어하는 것 같은 느낌			
d11	뭘 해 나갈 엄두가 나지 않음			

변수명	설명	변수값	비고
e1	나는 가치있는 사람이다	① 대체로 그렇지 않다 ② 보통이다 ③ 대체로 그렇다 ④ 항상 그렇다	
e2	나는 좋은 성품을 지녔다		
e3	나는 실패한 사람이라는 느낌이 든다(*)		
e4	다른 사람들과 같이 일을 잘 할 수 있다		
e5	자랑할 것이 별로 없다(*)		
e6	긍정적인 태도를 가졌다		
e7	대체로 만족		
e8	내 자신을 존경할수 있으면 좋겠다(*)		
e9	내 자신이 쓸모없는 사람이라는 느낌(*)		
e10	내가 좋지 않은 사람이라고 생각한다(*)		
p1	부부간 모욕적, 악의적인 이야기 경험	⓪ 비해당 ① 전혀 없음 ② 지난 1년간 1~2번 ③ 지난 1년간 3~5번 ④ 지난 1년간 6번 이상	
p2	부부간 신체적 폭력의 위협을 경험		
p3	부부간 신체적 폭력을 행사한 경험		
s1	가족생활에 대한 만족도(7점척도)	⓪ 비해당 ① 매우 불만족 ② 불만족 ③ 약간 불만족 ④ 보통 ⑤ 약간 만족 ⑥ 만족 ⑦ 매우 만족	
s2	배우자와의 관계에 대한 만족도(7점척도)		
s3	자녀와의 관계에 대한 만족도(7점척도)		
s4	자녀들의 형제자매 관계에 대한 만족도(7점척도)		

변수명	설명	변수값	비고
sa	삶의 사다리 점수(0점 최악의 상태, 10점 최선의 상태)		99: 결측값 0~10점 사이 직접 입력

*: 역문항

코딩북 만들기

교재에 제시한 코딩북을 참고하여 사회복지의 관심영역이 같은 사람들끼리 조를 구성하여(혹은 개인별) 코딩북을 만들어 보자. 2장에서 제시한 패널데이터의 여러 종류 중 하나를 선택하여 수행해도 좋다.

코딩북을 만든 후에는 수업에서 공통으로 사용하는 사이버캠퍼스나 온라인 카페 등에 업로드하여 교수님과 수강생들 간 공유하면서 수정사항에 관한 피드백을 나누는 시간을 가져 보자.

[코딩북 양식]

※ 칸은 변수에 따라 더 늘려서 작성할 것

변수명	설명	변수값	비고

SPSS 시작하기

1. SPSS 설치하기

SPSS(Statistical Package for the Social Sciences)는 사회과학에서 높게 활용되는 통계 패키지 프로그램으로 명령어 기반이 아닌 해당 메뉴를 클릭하며 사용할 수 있는 편리성이 매우 우수한 통계 소프트웨어이다. SPSS는 유료구매를 통해 이용해야 하나, 체험용으로 허가한 평가판을 14일간 임시로 이용할 수 있다.

- 평가판 다운로드 사이트: ㈜ 데이타솔루션 → 평가판 다운로드 메뉴
  URL: http://spss.datasolution.kr/trial/trial.asp

[그림 4-1] 평가판 다운로드 사이트 안내

2. SPSS 시작하기

바탕화면에 SPSS 버튼이 있으면 바로 클릭하여 실행하면 된다. 혹은 Window를 통한 시작은 다음과 같은 순서로 실행한다.

① 컴퓨터 화면 왼쪽 하단에 검색 버튼을 클릭한다.

② 검색란에 'SPSS'를 치면 'IBM SPSS Statistics 25'가 검색된다. 이 책에서 사용하는 분석은 SPSS 18.0 버전 이상이면 큰 문제없이 사용 가능하므로 가지고 있는 버전을 사용하면 된다.

③ 선택하여 클릭하면 SPSS가 실행된다.

④ 실행 후에는 자동으로 팝업창이 뜨는데 팝업창 오른편에 있는 X 버튼을 눌러 팝업창을 내리거나, '데이터입력'에 클릭한 후 확인을 누르면 된다.

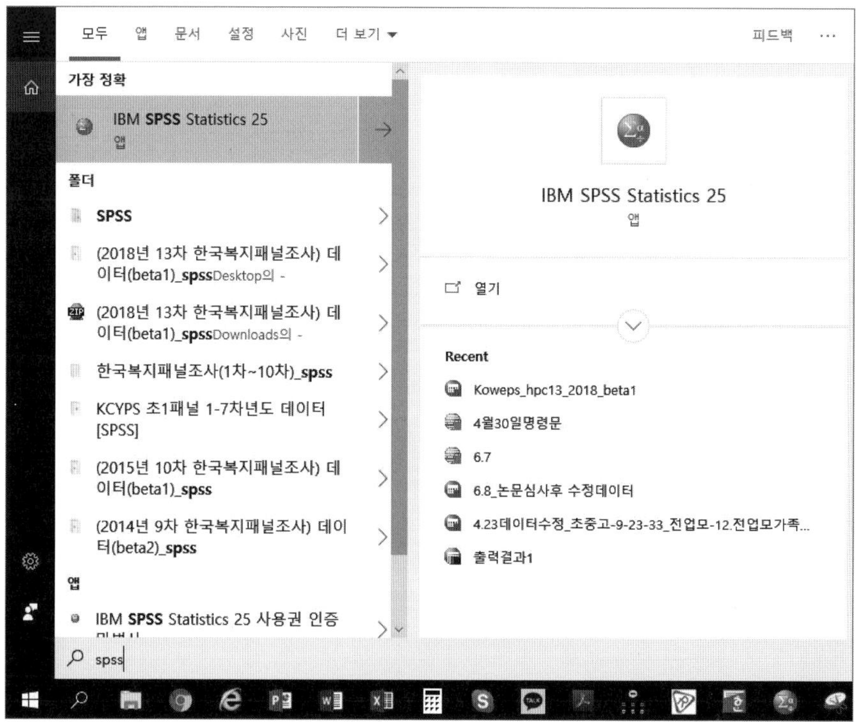

[그림 4-2] SPSS 시작하기 화면

3. SPSS 환경 구성

SPSS는 크게 두 가지 화면으로 구성된다. SPSS를 실행시키면 왼쪽 하단에 '변수 보기' 창과 '데이터 보기' 창의 탭이 있다. '변수 보기'는 코딩할 전체 변수들의 이름, 설명, 변수값 등을 세팅해 놓는 창이다. 아무것도 입력이 되지 않은 상태에서는 두 창이 거의 비슷해 보인다. '변수 보기' 창에서의 1, 2, 3, 4…는 변수의 순서를 의미하며, '데이터 보기' 창에서의 1, 2, 3, 4…는 1번 응답자, 2번 응답자, 3번 응답자가 된다. 먼저 '변수 보기' 창에서 변수들의 설정을 전체적으로 실시한 뒤에 '데이터 보기' 창에서 각 개별값을 입력하는 순으로 진행한다. '변수 보기' 창에서 변수 세팅이 완료되면, '데이터 보기' 가로로 위치된 곳의 '변수'가 지정한 각 변수들의 이름으로 입력된 것을 확인할 수 있다.

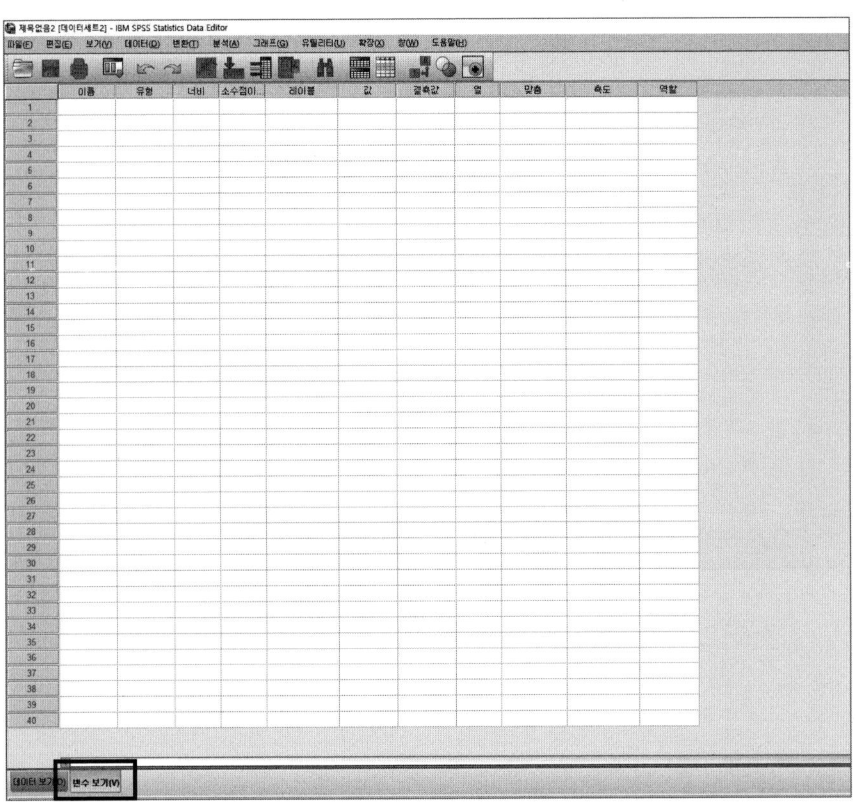

[그림 4-3] '변수 보기' 창

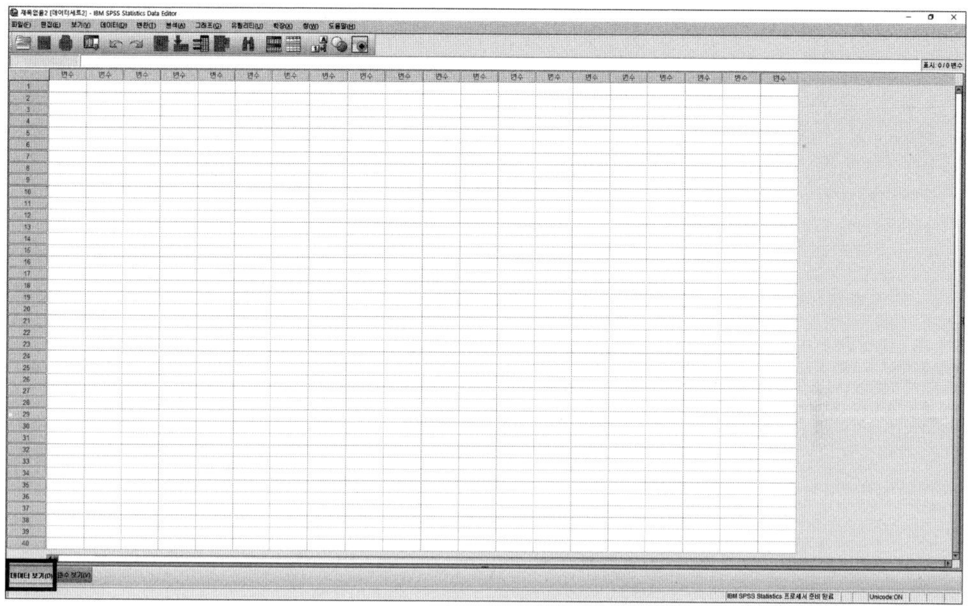

[그림 4-4] '데이터 보기' 창

4. 데이터 코딩하기

본격적으로 변수 세팅을 하기 위한 작업의 순서를 알아보면 다음과 같다. '변수 보기' 창을 클릭하고, 코딩북의 내용을 그대로 입력하면 되는데, 다음의 순서를 따른다. 예를 들어, '성별' 변수를 코딩하기 위한 변수 세팅과 간단한 데이터 입력을 해 보자.

① 이름: 변수의 이름을 입력한다. 변수의 이름은 영문, 한글 모두 사용되나 '–' '/' 등의 기호나 숫자가 변수의 이름에 처음 나오는 경우는 입력이 안 된다. 이름을 입력하고 Enter 키나 Tab 키를 누르거나 혹은 마우스로 다음 칸을 클릭하면 자동 세팅된 형식이 제시된다.

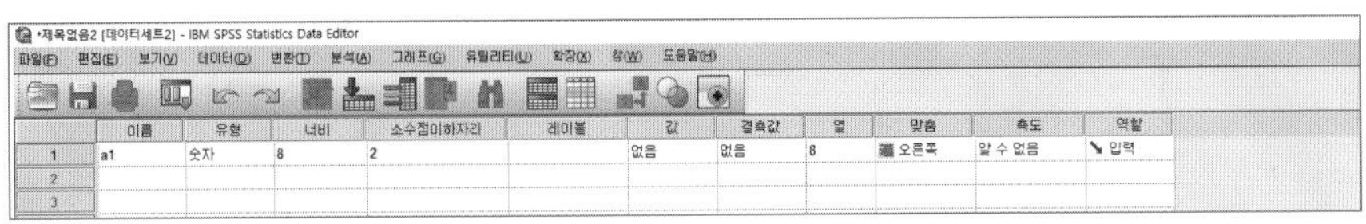

[그림 4-5] 변수 이름 설정

② 유형, 너비, 소수점: 유형은 변수가 문자인지 숫자인지 등의 변수의 유형을 구분해 주는 칸으로, 기본은 '숫자'로 되어 있는 채로 사용하면 되고, 필요에 따라 선택하여 사용한다. 유형을 누르면 옆의 파란색 버튼이 활성화되고, 그 버튼을 누르면 변수의 유형을 선택할 수 있는 기능이 제시된다. 너비와 소수점은 대개는 기본으로 세팅된 것을 그대로 사용하되, 변수의 성격에 따라 조정 가능하다.

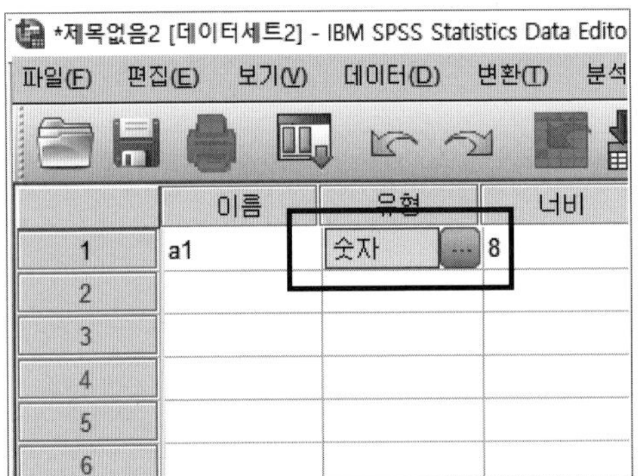

[그림 4-6] 변수 유형

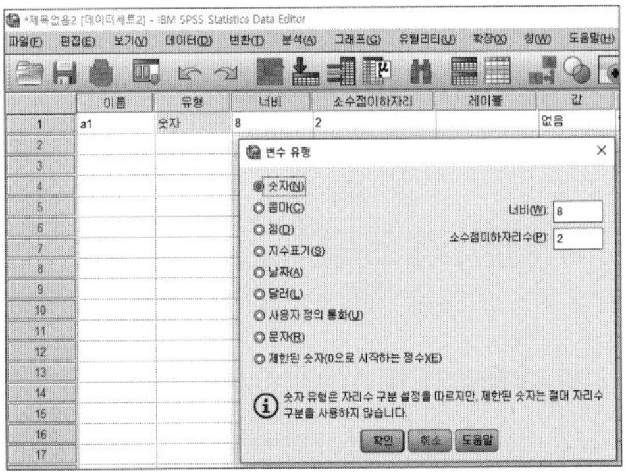

[그림 4-7] 변수 유형 종류

③ 레이블: 변수에 관한 설명을 작성하는 칸으로 필요에 따라 사용한다. 변수에 대한 추가적 정보가 필요할 때 사용하는 칸으로 통계분석에는 영향을 미치지 않는다. 보통 예시로 제시된 변수처럼 변수들이 알파벳 기호로 제시되어 있어 변수에 관한 특별한 정보가 더 제시되어야 할 경우 사용되는 편이며, 작성이 불필요한 경우는 생략하고 다음 칸으로 넘어간다.

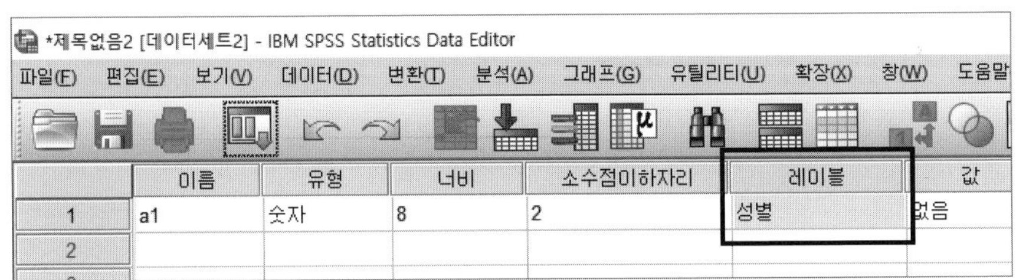

[그림 4-8] 변수 레이블 작성하기

④ 값 설정: 변수가 만약 명목이나 서열변수여서 각 응답문항이 존재할 경우 개별 값을 지정해 주는 칸이다. 만약 성별 변수일 경우 성별에는 '남자'와 '여자'가 있으므로 '남자'는 '1'로, '여자'는 '2'로 지정한다. 값을 클릭하면 파란색 버튼이 보이며, 누르고 나면 값 레이블이라는 새로운 창이 뜬다. 기준값에는 해당 문항의 숫자, 즉 '1'을, 레이블에는 숫자에 해당되는 문항의 내용, 즉 '남자'라고 입력하고 추가 버튼을 누르고, 모든 값이 다 지정되면 확인 버튼을 누른다. 등간변수나 비율변수의 연속변수는 정해진 값이 없으므로 이러한 변수일 경우는 값을 지정하지 않는다.

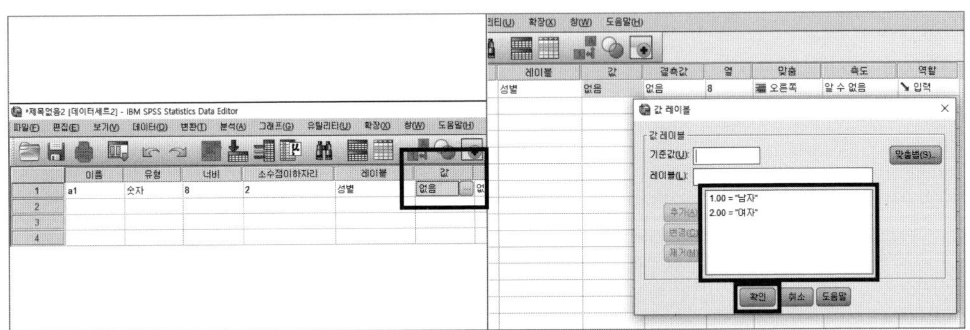

[그림 4-9] 변수값 설정하기

변수값이 동일하게 적용되는 경우 하나의 값 입력 후 마우스로 값 클릭 후 오른쪽 버튼을 눌러 복사하기 버튼(C)을 누른 뒤에, 복사할 곳의 칸에 클릭 혹은 드래그해서 다시 오른쪽 버튼 눌러 '붙여넣기(P)'를 하면 일괄 복사된다.

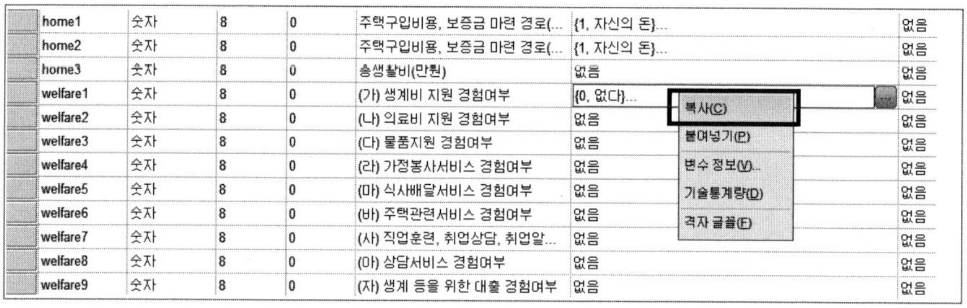

home1	숫자	8	0	주택구입비용, 보증금 마련 경로(...	{1, 자신의 돈}...	없음
home2	숫자	8	0	주택구입비용, 보증금 마련 경로(...	{1, 자신의 돈}...	없음
home3	숫자	8	0	총생활비(만원)	없음	없음
welfare1	숫자	8	0	(가) 생계비 지원 경험여부	{0, 없다}...	없음
welfare2	숫자	8	0	(나) 의료비 지원 경험여부	없음	없음
welfare3	숫자	8	0	(다) 물품지원 경험여부	없음	없음
welfare4	숫자	8	0	(라) 가정봉사서비스 경험여부	없음	없음
welfare5	숫자	8	0	(마) 식사배달서비스 경험여부	없음	없음
welfare6	숫자	8	0	(바) 주택관련서비스 경험여부	없음	없음
welfare7	숫자	8	0	(사) 직업훈련, 취업상담, 취업알...	없음	없음
welfare8	숫자	8	0	(아) 상담서비스 경험여부	없음	없음
welfare9	숫자	8	0	(자) 생계 등을 위한 대출 경험여부	없음	없음

복사(C)
붙여넣기(P)
변수 정보(V)...
기술통계량(D)
격자 글꼴(F)

home3	숫자	8	0	총생활비(만원)	없음	없음
welfare1	숫자	8	0	(가) 생계비 지원 경험여부	{0, 없다}...	없음
welfare2	숫자	8	0	(나) 의료비 지원 경험여부	없음	없음
welfare3	숫자	8	0	(다) 물품지원 경험여부	없음	없음
welfare4	숫자	8	0	(라) 가정봉사서비스 경험여부	없음	없음
welfare5	숫자	8	0	(마) 식사배달서비스 경험여부	없음	없음
welfare6	숫자	8	0	(바) 주택관련서비스 경험여부	없음	없음
welfare7	숫자	8	0	(사) 직업훈련, 취업상담, 취업알...	없음	없음
welfare8	숫자	8	0	(아) 상담서비스 경험여부	없음	없음
welfare9	숫자	8	0	(자) 생계 등을 위한 대출 경험여부	없음	없음
welfare10	숫자	8	0	(차) 개인발달계좌(자산형성프로...	없음	없음
elder1	숫자	8	0	(가) 기초연금 지원 경험여부	{0, 없다}...	없음
elder2	숫자	8	0	(나) 의료비 지원 경험여부	{0, 없다}...	없음
elder3	숫자	8	0	(다) 노인 무료 급식 경험여부(본...	{0, 없다}...	없음
elder4	숫자	8	0	(라) 물품지원 경험여부(식료품, ...	{0, 없다}...	없음
elder5	숫자	8	0	(마) 가정봉사 서비스 경험여부(청...	{0, 없다}...	없음
elder6	숫자	8	0	(바) 식사 배달 서비스 경험여부	{0, 없다}...	없음
elder7	숫자	8	0	(사) 방문 가정간호, 간병, 목욕 서...	{0, 없다}...	없음
elder8	숫자	8	0	(아) 이동편의 서비스 경험여부(병...	{0, 없다}...	없음

복사(C)
붙여넣기(P)
변수 정보(V)...
기술통계량(D)
격자 글꼴(F)

[그림 4-10] 동일한 변수값 복사하기

⑤ 결측값 설정: 특정 문항에 대해 조사자가 응답하지 않았거나, 필요에 따라 '해당없음'의 의미가 있는 변수일 경우 결측값을 지정해 줄 수 있다. 결측값을 클릭하면 파란색 버튼이 활성화되며, 파란색 버튼을 누르면 [그림 4-11]과 같이 결측값을 지정할 수 있도록 되어 있다. 기본은 '결측값 없음'이 지정되어 있는데, 결측값 지정이 필요하지 않으면 이 칸은 그냥 넘어가면 된다.

결측값을 지정하고자 할 경우 보통 '9' '99' '999'로 입력한다. 결측값의 숫자는 연구자가 임의대로 정해도 되나, 결측값으로 지정할 값이 해당 변수의 값으로 의미를 갖는 경우는 결측값을 잘 지정해야 한다. 예를 들어 '연령' 변수의 경우 응답 중 9세나 99세가 있을 수 있으므로 이런 경우는 결측값을 '999'로 지정해야 하는 사항을 유의하면 된다.

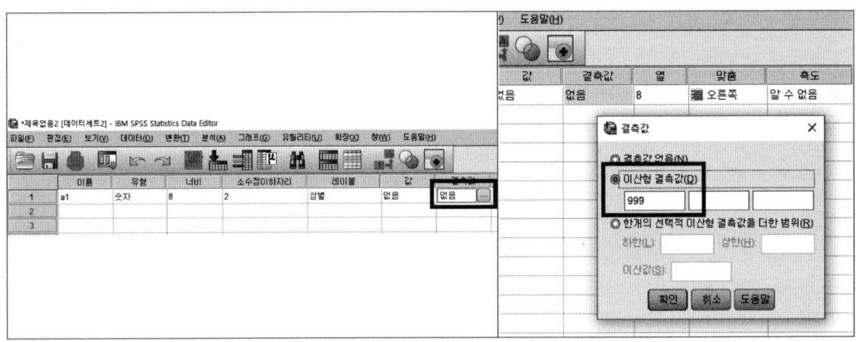

[그림 4-11] 결측값 설정하기

⑥ 이와 같은 순서대로 사용된 모든 변수를 지정한다. 변수 지정이 완료되면 왼쪽 하단에 '데이터 보기' 창을 클릭하면 상단에 지정한 변수명이 나열된 것을 확인할 수 있다. 횡은 변수이고 열은 케이스로 코딩북의 값 지정에 따라 각 개별 값을 입력하면 된다. 입력 후에는 반드시 저장을 한다.

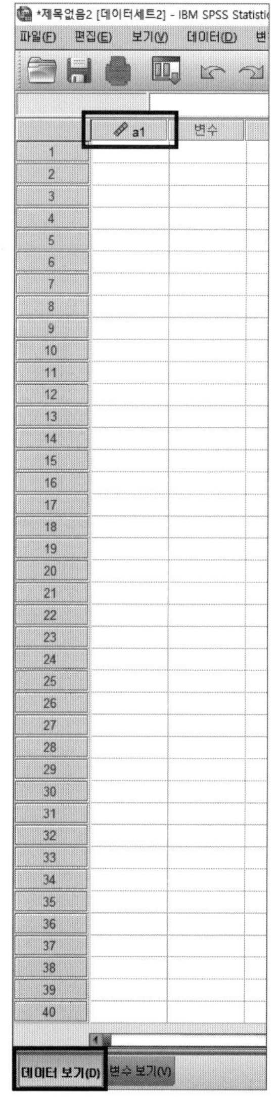

[그림 4-12] 변수 설정 확인하기

⑦ 저장은 보통프로그램 한글에서 사용하는 기능과 같이 상단 메뉴를 이용하여 '다름 이름으로 저장하기' 버튼을 클릭하여 새로운 파일명을 지정하여 저장한다. 파일 확장자는 .sav이며, 이후 저장 버튼은 오른쪽 하단에 있는 파란색 디스켓 버튼을 누르면 처음 지정한 파일에 계속 저장된다.

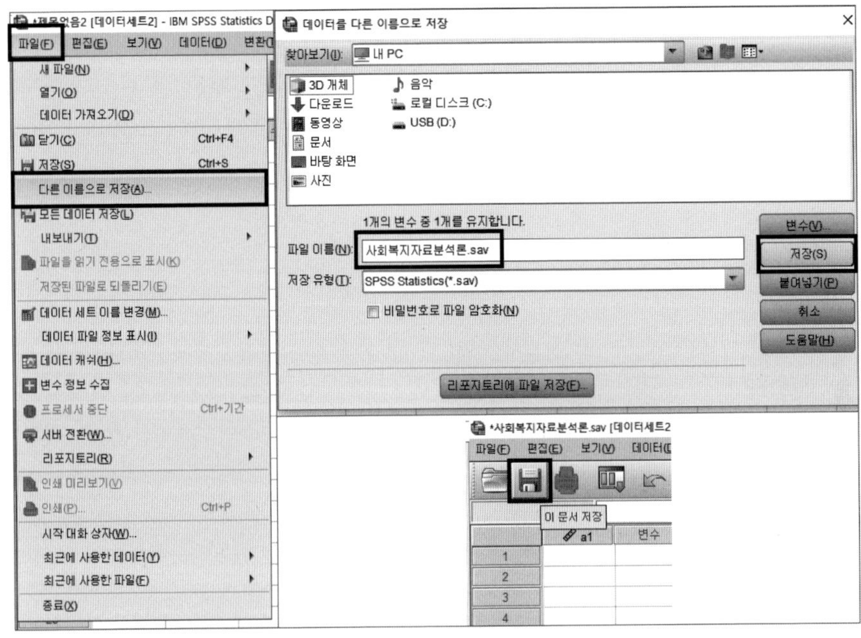

[그림 4-13] 저장하기

친절한 TooMuchInformation

저장해 놓은 파일은 작업을 하는 중 저장을 수시로 하도록 한다. 프로그램이 비교적 안정적이어서 갑자기 멈추는 경우는 거의 없지만, 중요한 논문이나 과제 수행 중에 화면이 멎는 일이 종종 발생하는 것은 시대가 지나도 변함없이 나타나는 고질적인 문제이다!

⑧ 출력: 메뉴 중 저장하기 옆의 프린터가 있는 버튼은 출력하기 버튼이다. 보통 출력은 출력결과(output)에서 많이 사용되는데, '출력결과' 창에서도 상단 메뉴는 동일하게 제시된다.

⑨ 코딩하기: 변수세팅이 완료되었으면 '데이터 보기' 창을 클릭한 뒤, 해당 변수에 1번 설문지부터 차례대로 입력한다. 코딩은 직접 입력해야 하는

경우 칸을 넘어가다가 잦은 실수가 발생할 수 있으므로 입력에 주의한다. 한 칸에 한 값씩 입력하는 것이 원칙이며, 칸을 넘길 경우 마우스를 이용해서 다음 칸을 클릭해도 되고, 'Tab' 키, 방향키 '⇨'를 눌러 이동해도 된다.

코딩하기

'a1' 변수에 총 5명의 값을 입력해 보자.

1번	1
2번	2
3번	2
4번	1
5번	2

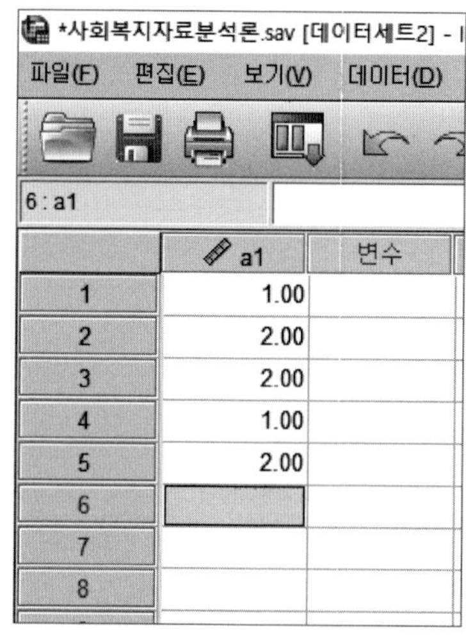

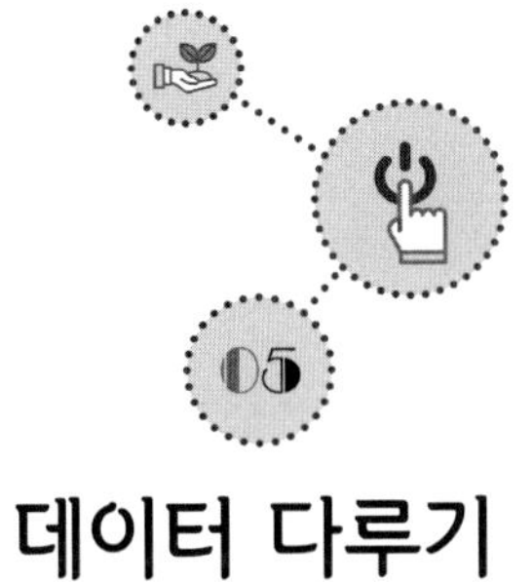

데이터 다루기

1. 데이터 열기

데이터 다루기는 SPSS 시작부터 통계분석에 맞게 원변수들을 다양하게 변환하는 작업까지 꽤 광범위한 내용들을 담고 있다. 이 장은 기초를 탄탄하게 다지는 단계이므로 시간을 투자하여 반복적인 연습을 충분히 하도록 한다.

1) SPSS에서 데이터 열기

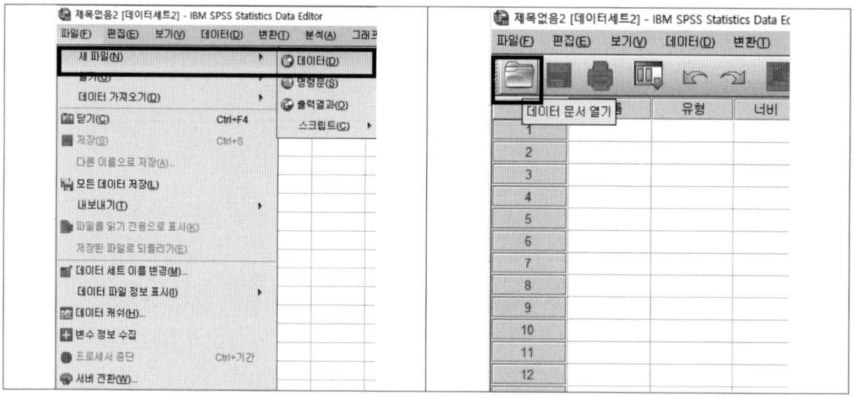

[그림 5-1] SPSS 데이터 열기

SPSS에서 데이터 열기는 먼저 [그림 5-1]과 같이 SPSS를 실행시키고 상단의 메뉴를 이용하여 파일(F) → 새 파일(N) → 데이터(D)를 클릭하는 방법이 있고, 그림의 오른쪽과 같이 메뉴 그림 중 폴더 그림을 바로 누르는 방법이 있다.

2) 엑셀데이터 SPSS에서 열기

SPSS는 엑셀과 호환이 가능하여 엑셀로 코딩을 할 경우 SPSS에서 불러오기가 가능하다. SPSS의 불러오기 파일을 누른 뒤, 파일형식을 엑셀 확장자로 변환하여 파일을 선택하고 열기를 누르면 엑셀로 입력한 데이터가 SPSS에서 열린다. SPSS에서 작업한 파일을 엑셀에서 열고자 하는 경우, 저장 시 확장자 파일을 엑셀확장자로 지정하여 파일을 저장하면 엑셀에서도 SPSS에서 입력한 데이터가 열리게 된다.

[그림 5-2] 엑셀데이터 SPSS에서 열기

2. 데이터 클리닝

모든 값을 입력한 뒤에는 값들이 정확히 입력되었는지에 관한 확인 작업이 반드시 필요한데 이를 데이터 클리닝이라고 한다. 데이터 클리닝은 통계의 가장 첫 단추의 역할로 입력 누락 · 오기 등의 오류를 바로 잡아 주어 잘못된 데이터가 없도록 처리해 주는 작업이다. 확인하지 않으면 추후에 더 큰 불편이 따르므로 자료 입력 후 곧바로 하는 것이 좋다. 데이터 클리닝 방법은 크게 두 가지로 확인할 수 있다. 먼저 가장 간단하게는 빈도분석을 이용하여 알아보는 방법이 있다.

SPSS 분석과정

SPSS 상단에 메뉴바에 분석(A) → 기술통계량(E) → 빈도분석(F) → 화살표를 이용하여 확인하고자 하는 변수를 오른쪽 변수(V) 칸에 이동 → 확인 → '출력결과' 창 확인 → 해당 설문지 찾아 올바른 값 확인하고 수정

이와 같은 순서에 따라 최종 확인을 누르면 '출력결과' 창이 생성된다. '출력

결과' 창에 제시된 각 변수들 중 지정한 변수값이 아닌 숫자가 있는 경우 이를 수정한다. 예를 들어, 최근 1년 동안 담배를 끊고자 하루 이상 금연한 적이 있는지 여부('cigar3')는 1과 2만 코딩되어야 한다. 그러나 간혹 잘못 입력된 경우 빈도분석을 통해 잘못 기입된 숫자를 확인할 수 있다. 가령 입력오류인 숫자가 '3'일 경우, 이를 찾는 방법은 '데이터 보기' 창에서 오류가 있는 변수의 상단을 클릭하면 해당 변수가 노란색으로 바뀌게 되며, 상단의 메뉴바 중 망원경(이모티콘)을 누르고 오류 숫자인 '3'을 넣고 다음 찾기를 실시하면 해당 설문을 찾아준다. 해당 설문지를 다시 확인하고 오류를 수정한 다음 저장한다.

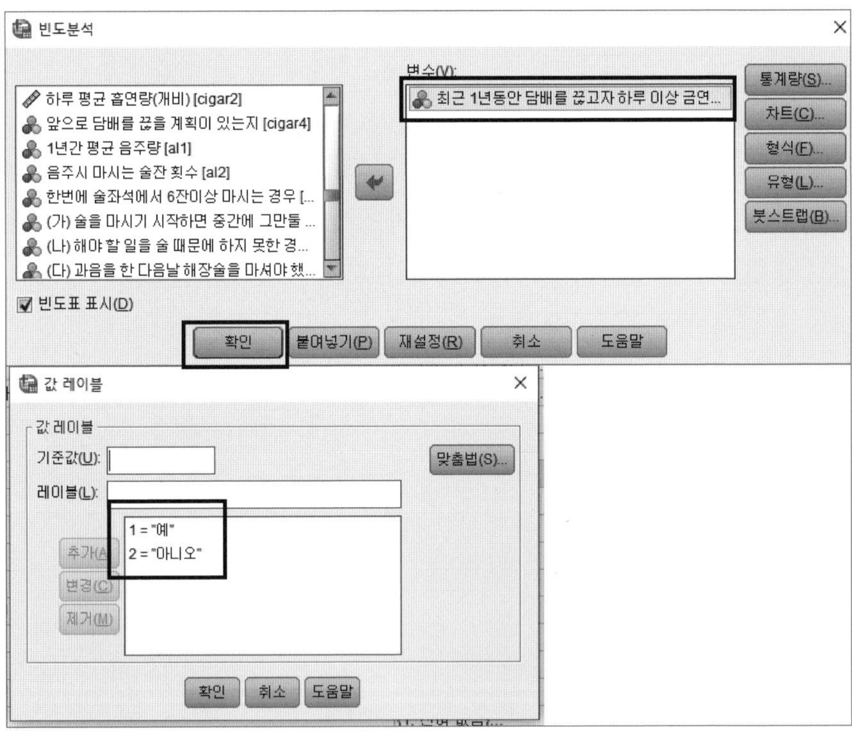

[그림 5-3] 데이터 입력 오류 예시(계속)

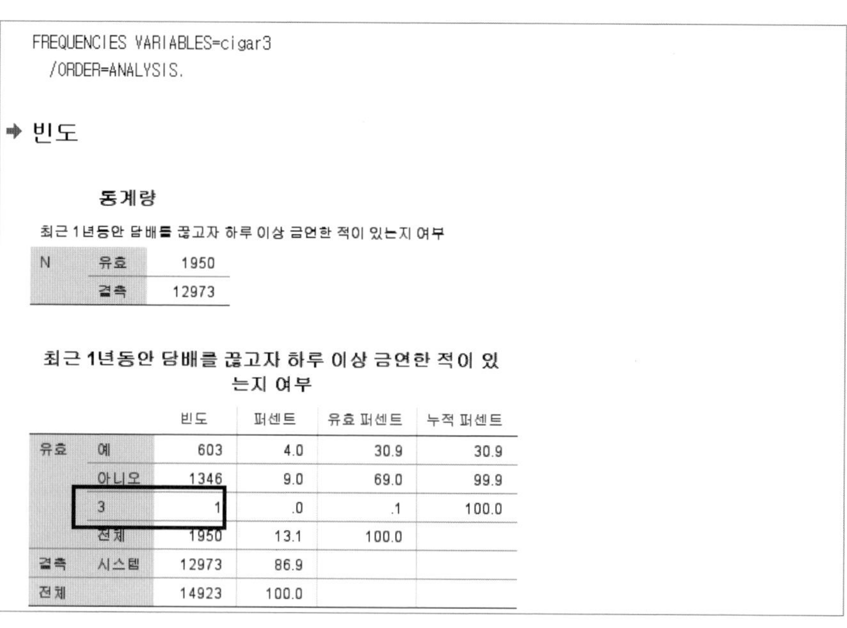

```
FREQUENCIES VARIABLES=cigar3
  /ORDER=ANALYSIS.
```

빈도

통계량

최근 1년동안 담배를 끊고자 하루 이상 금연한 적이 있는지 여부

N	유효	1950
	결측	12973

최근 1년동안 담배를 끊고자 하루 이상 금연한 적이 있는지 여부

		빈도	퍼센트	유효 퍼센트	누적 퍼센트
유효	예	603	4.0	30.9	30.9
	아니오	1346	9.0	69.0	99.9
	3	1	.0	.1	100.0
	전체	1950	13.1	100.0	
결측	시스템	12973	86.9		
전체		14923	100.0		

[그림 5-3] 데이터 입력 오류 예시

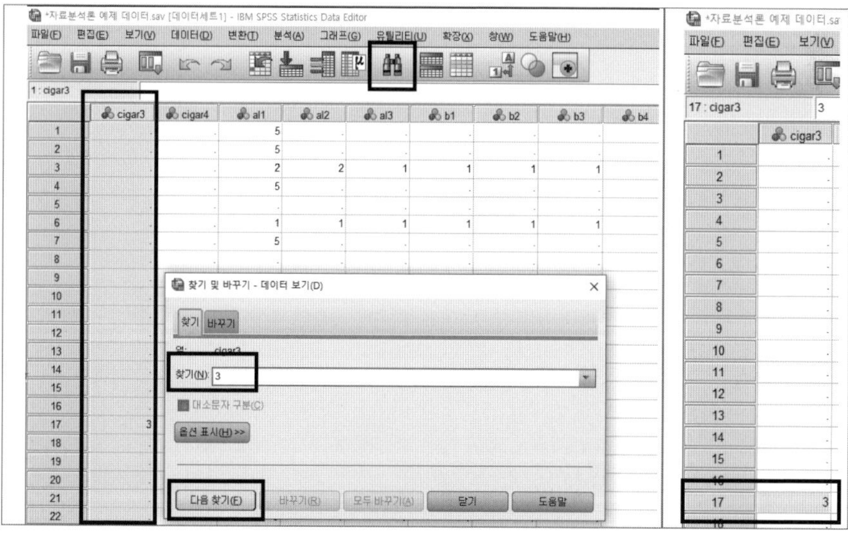

[그림 5-4] 데이터 입력 오류 해결

데이터 클리닝의 두 번째 방법은 명령문 파일(Syntax File) 이용하여 확인 · 수정하는 것이다. Syntax File 란에 'LIST'를 작성하고 'V'까지만 입력하면 오른편에 자동으로 'VARIABLES'이 생성된다. 선택한 후, ID를 나타내는 변수명과 확인하고 싶은 변수명을 작성한 뒤에, 마침표(.)를 찍는다. 전체 선택한 후, 메뉴 상단에 초록색 삼각형 버튼을 누르면 해당 ID에 다른 해당 변수의 값들의 전체가 제시된다. 이를 육안을 확인하면서 틀린 값을 찾아 해당 설문지 번호를 확인한 후 '데이터 보기' 창에서 올바른 값을 수정 입력한다.

친절한 TooMuchInformation

몇 번 설문지인지 확인해야 되기 때문에 ID를 나타내는 변수는 반드시 필요하다. 또한 설문지는 이런 방식으로 수정이나 확인을 해야 될 일이 종종 있으니 연구가 종료될 때까지는 잘 보관하도록 한다.

SPSS 분석과정

SPSS 상단에 파일(F) → 새 파일(N) → 명령문(S) → Syntax File 생성 → LIST VARIABLES ID 변수명. → 명령문 전체 선택 → 메뉴의 초록색 버튼(▶) 클릭 → 선택한 변수 전체 값 제시 → 해당 설문지 찾아 올바른 값 확인하고 수정

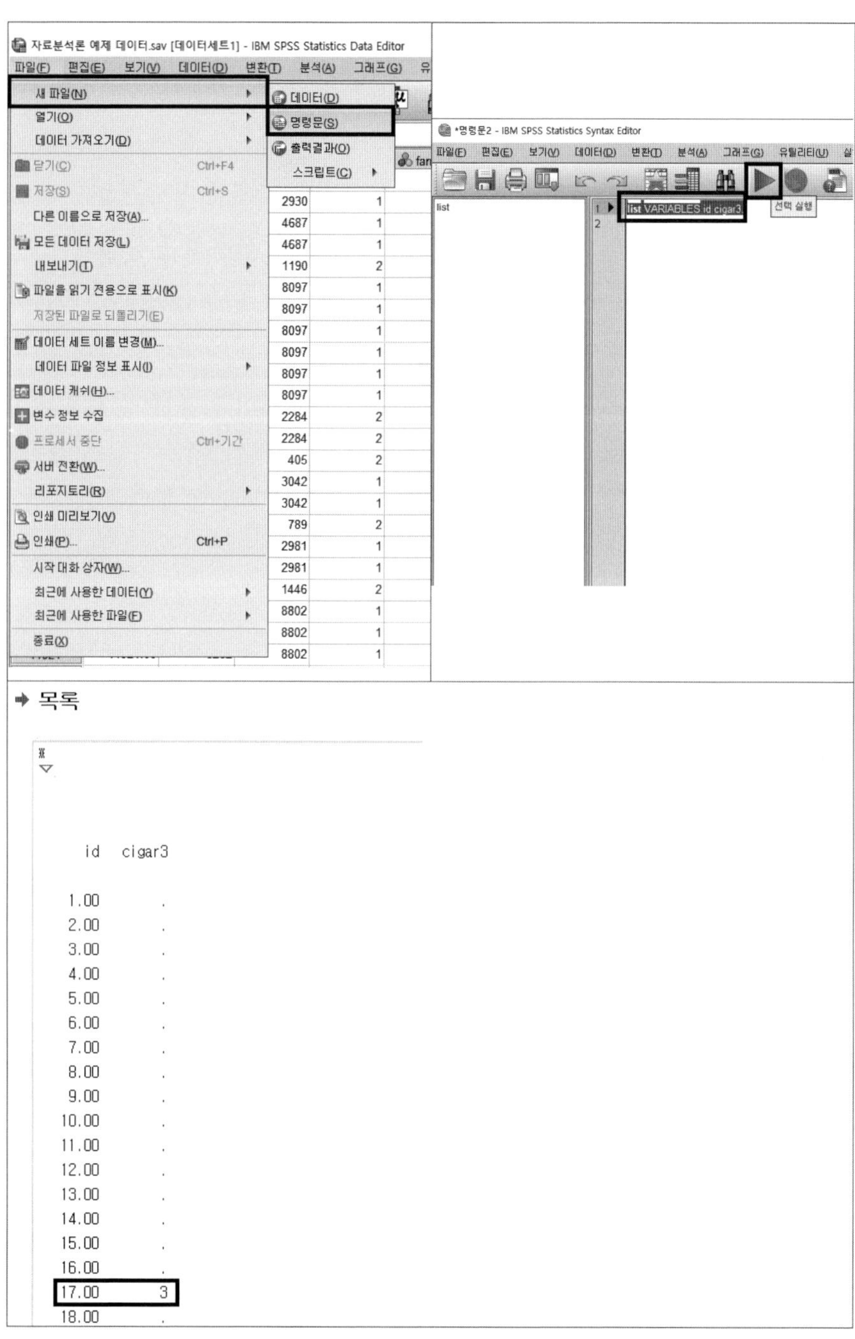

[그림 5-5] Syntax File을 통한 입력 오류 해결

3. 변수 변환하기

변수 변환하기는 원자료(raw data)를 분석 목적에 맞게 변형하는 변수 가공으로, 연구목적에 따라 다른 변수로 변환이 필요할 때 활용하는 방법이다. 실제 모든 연구는 원변수를 그대로 사용하기보다는 많은 변수를 연구의 목적에 맞게 변환해서 사용하게 되므로 이 변환하기는 매우 높은 빈도로 활용된다. 따라서 이 작업은 익숙할 정도로 많이 연습해 두는 것이 필요하다. 연속변수를 범주형 변수로 변환하기, 하위범주를 상위범주로 변환하기, 더미변수 변환하기, 역점수로 변환하기의 작업이 이에 해당된다.

친절한 TooMuchInformation

변환의 목적이 다를 뿐, 결국 모든 작업은 '다른 변수로 코딩변경'의 한 가지 방법이 동일하게 사용된다.

1) 연속변수를 범주형 변수로 변환하기

연속변수를 범주형 변수로 변환하는 것은 원변수가 연속변수형으로 된 변수를 일정한 기준에 따라 범주형 변수로 생성하는 것을 말한다. 예를 들면, 가구원 수 변수는 원자료에서는 직접 기입식의 연속변수인데, 이를 범주형 변수, 즉 단독가구(1인가구), 2~4인 이하 가구, 5인 이상 가구의 3개의 범주형으로 만들어 보자. 먼저는 변수의 범주를 구체적으로 어떻게 만들 것인지 분명하게 정해 놓고 하는 것이 좋다. 이때 같은 숫자가 다른 범주에 포함되지 않도록 이하, 이상, 미만의 개념을 유념해서 신규변수의 기준을 설정하도록 한다.

원변수
가구원수 'family' (직접 기입 형태)

신규 변수
− 1 ⇨ ① 단독가구 − 2 ~ 4 ⇨ ② 2인 이상 4인 이하 가구 − 5 이상 ⇨ ③ 5인 이상 가구

SPSS 분석과정

SPSS 상단에 메뉴바에 변환(T) → 다른 변수로 코딩변경(R) → 변경할 변수 찾기 → 화살표를 이용하여 확인하고자 하는 변수를 오른쪽 변수 입력(V) 칸에 이동 → '출력변수' 창에 새로운 변수 이름(N) 지정 → 변경(H) 버튼 클릭 → 기존값 및 새로운 값(O) 선택 → 기존값을 새로운 값으로 변경(개별 값 이동 또는 범위로 이동 가능) + '시스템 또는 사용자 결측값(U)'은 시스템 결측값(Y) 도 반드시 선택 → 모든 변수 설정 → 계속 → 확인 → '변수 보기' 창에서 신규 변수 생성 확인(가장 밑에 생성) → 변수값 입력(단독가구=1, 2~4인 이하 가구=2, 5인 이상 가구=3)

친절한 TooMuchInformation

- 변수 변환은 같은 변수로 코딩변경(S)도 쓸 수 있으나, 이는 원변수에 현재 수정한 자료가 덮어쓰기와 같은 기능을 해 버리게 되므로 원변수는 그대로 두고, 지금처럼 새로운 변수 생성의 방법을 권한다.
- 시스템 또는 사용자 결측값(U)을 시스템 결측값(Y)으로 지정하는 것은 무응답과 같은 것을 처리하는 것이므로 반드시 같이 수행하도록 한다.
- 변수명은 기존 변수와 이름이 같거나, 띄어쓰기나 글자가 너무 길거나, 인식하지 못하는 '−, /' 등과 같은 내용이 들어가면 만들어지지 않는다. 만들다가 오류가 뜰 경우는 이러한 사항이 없었는지 점검한 후 변수명을 지정하도록 한다.
- 레이블(L)은 변수에 따른 구체적인 설명을 담는 내용으로 작성하지 않아도 무방하다.

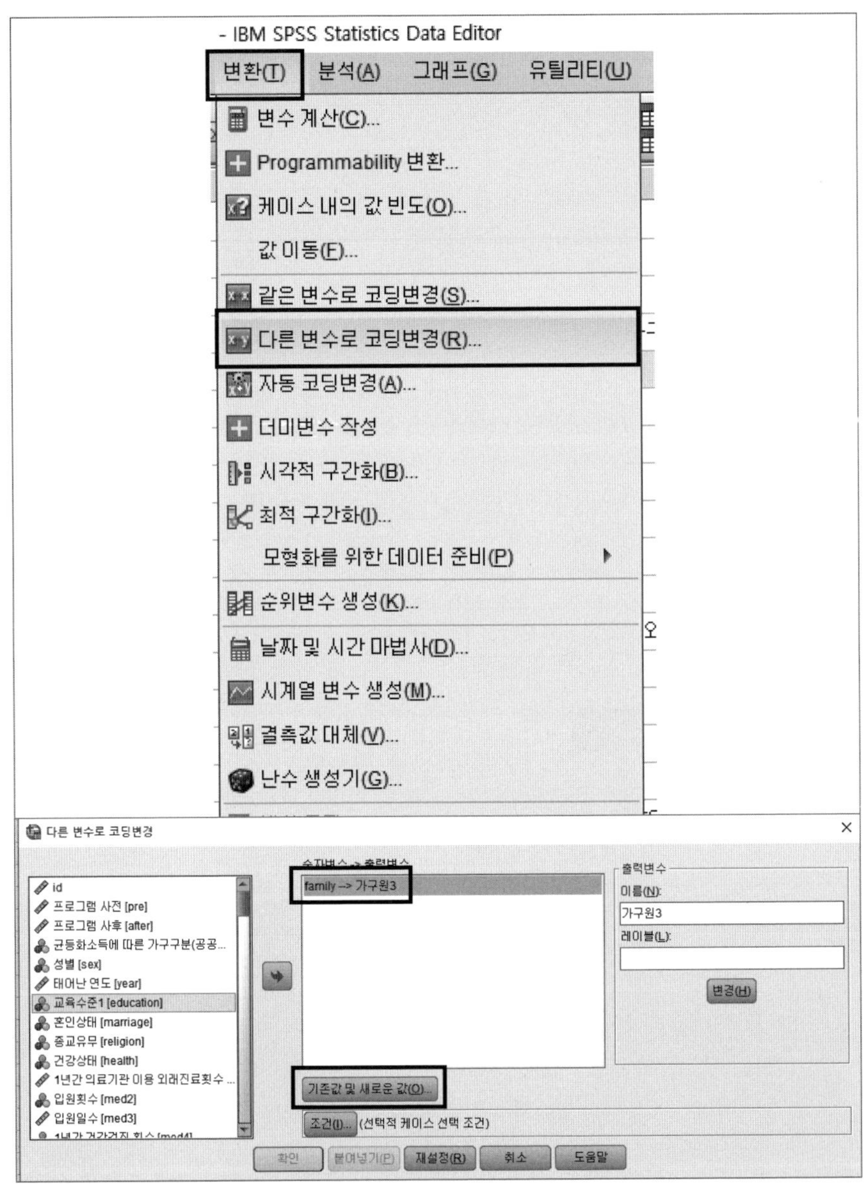

[그림 5-6] 연속변수를 범주형 변수로 변환하기(계속)

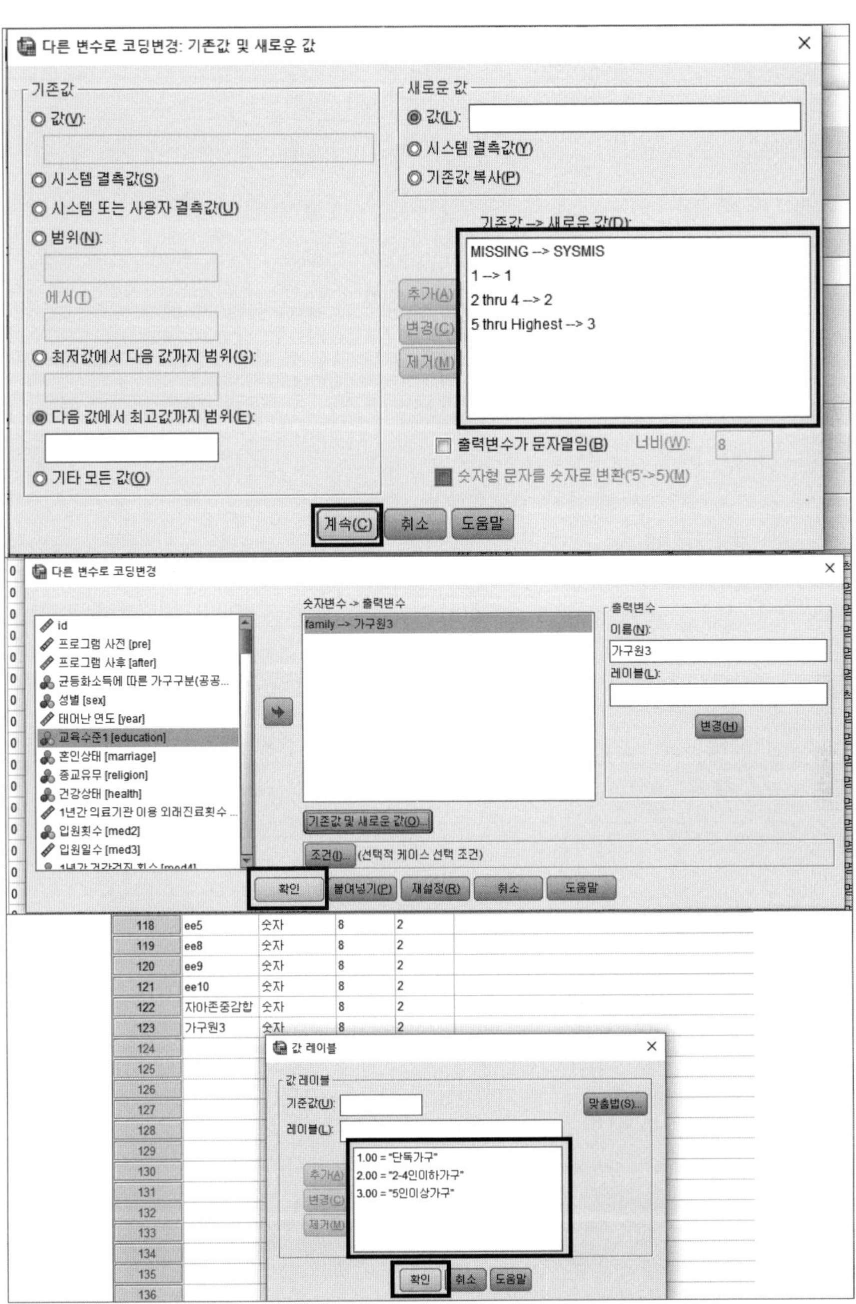

[그림 5-6] 연속변수를 범주형 변수로 변환하기

2) 하위범주를 상위범주로 변환하기

하위범주를 상위범주로 변환하는 것은 기존의 범주형 변수의 개수를 더 축약시켜 표현하고자 할 때 사용하는 작업이다. 예를 들어, 건강만족도가 원자료에서는 매우 불만족 · 대체로 불만족 · 보통 · 대체로 만족 · 매우 만족으로 되어 있는데, 이를 만족 상 · 중 · 하의 상위범주로 묶고자 할 때 사용할 수 있다.

방법은 앞서 실습한 연속변수를 범주형 변수로 변환한 것과 동일하게 진행된다. SPSS는 이전의 작업이 그대로 남아 있으므로, 재설정(R)을 누르면 리셋(reset)된다.

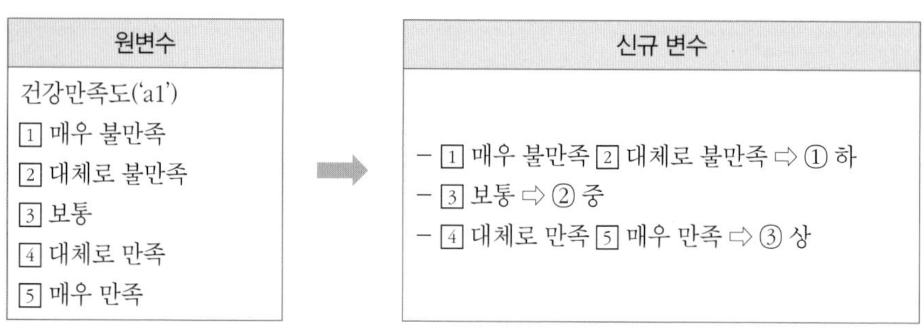

SPSS 분석과정

SPSS 상단에 메뉴바에 변환(T) → 다른 변수로 코딩변경(R) → 변경할 변수 찾기 → 화살표를 이용하여 확인하고자 하는 변수를 오른쪽 변수 입력(V) 칸에 이동 → '출력변수' 창에 새로운 변수 이름(N) 지정 → 변경(H) 버튼 클릭 → 기존값 및 새로운 값(O) 선택 → 기존값을 새로운 값으로 변경(개별 값 이동 또는 범위로 이동 가능) + '시스템 또는 사용자 결측값(U)'은 시스템 결측값(Y) 도 반드시 선택 → 모든 변수 설정 → 계속 → 확인 → '변수 보기' 창에서 신규 변수 생성 확인(가장 밑에 생성) → 변수값 입력(상=3, 중=2, 하=1)

친절한 TooMuchInformation

기본값에서 새로운값으로 변경할 때는 각 개별 값 대 개별 값으로 이동할 수 있으나, 기존의 변수가 일정한 범위 안에 있을 경우 범위(N)를 이용해 숫자를 지정할 수 있다. 가장 작은 수부터 지정된 숫자까지를 선택하고 싶으면, 최저값에서 다음 값까지 범위(G)를 지정하여 해당 숫자를 입력하고, 해당 숫자에서 가장 높은 숫자까지를 범위로 포함하고 싶다면 다음 값에서 최고값까지 범위(E)를 지정하여 숫자를 입력한 뒤, 해당되는 기준값을 오른편에 넣는다.

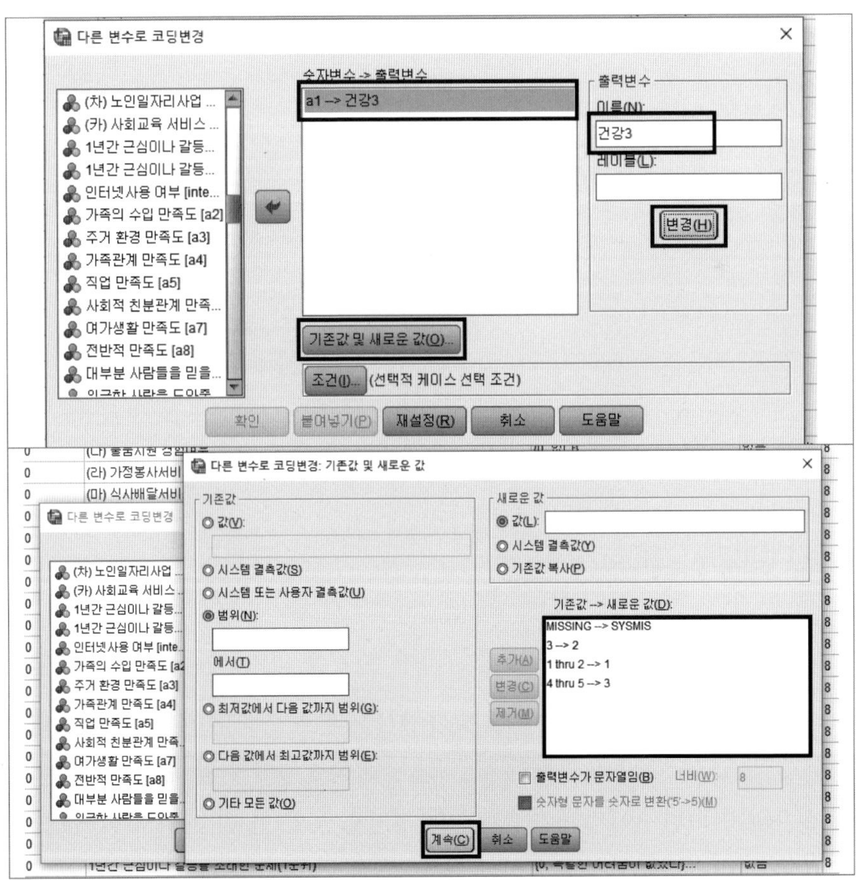

[그림 5-7] 하위범주를 상위범주로 변환하기(계속)

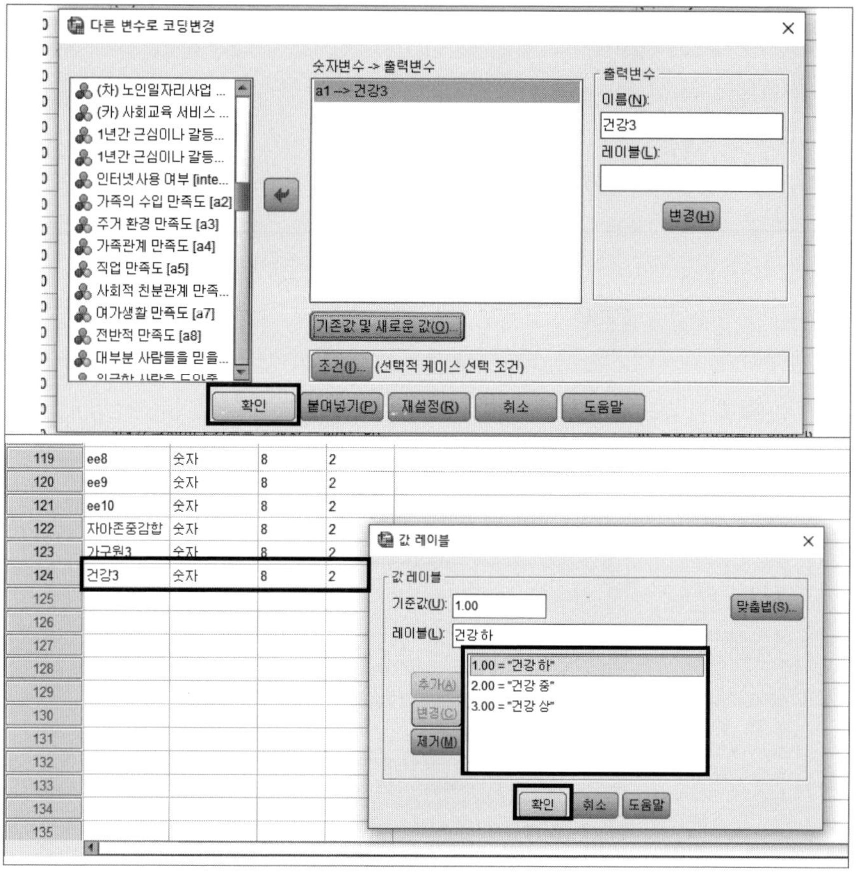

[그림 5-7] 하위범주를 상위범주로 변환하기

3) 더미변수 변환하기

더미변수는 'dummy'라는 의미의 '가짜 변수'를 의미하는 것이다. 본래 통계는 연속변수 형태를 더 선호한다. 그런데 때에 따라 성별과 같은 비연속변수가 연속변수들만 들어와야 하는 분석에 사용되어야 할 경우가 있다. 이때 실은 비연속변수이지만 연속변수인 것처럼 옷을 한 번 바꿔 입혀 주는 작업이 바로 더미변수 변환하기이다. 예를 들어, 성별이 본래는 남자 1, 여자 2로 코딩되어 있었는데 연속변수처럼 보여야 하므로 남자를 1, 여자를 0으로 코딩 변경하여 '여자에 비해 남자가 어떠하다.'의 식으로 표현되게 하는 것이다. 속성은 변하지 않으며, 여자가 1 남자가 0이 되어도 무방하다.

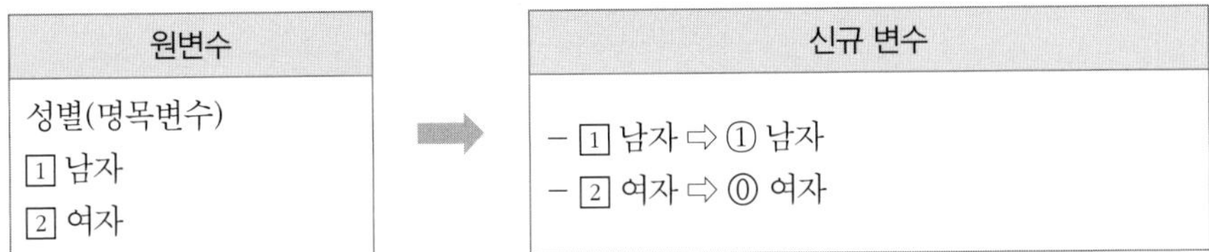

SPSS 분석과정

SPSS 상단에 메뉴바에 변환(T) → 다른 변수로 코딩 변경(R) → 변경할 변수 찾기 → 화살표를 이용하여 확인하고자 하는 변수를 오른쪽 변수 입력(V) 칸에 이동 → '출력변수' 창에 새로운 변수 이름(N) 지정 → 변경(H) 버튼 클릭 → 기존값 및 새로운 값(O) 선택 → 기존값을 새로운 값으로 변경 + '시스템 또는 사용자 결측값(U)'은 시스템 결측값(Y)도 반드시 선택 → 모든 변수 설정 → 계속 → 확인 → '변수 보기' 창에서 신규 변수 생성 확인(가장 밑에 생성) → 변수값 입력(남자=1, 여자=0)

[그림 5-8] 더미변수 변환하기

4) 역점수로 변환하기

변수의 해석은 점수가 높을수록 '자아존중감이 높다.' 혹은 '우울이 높다.' 형태의 해석이 더 직관적으로 이해하기가 쉽다. 혹은 척도 중 어떤 특정한 문항만 역문항인 경우 합산하기 전 역처리가 필요할 때가 있다. 이때 사용되는 것이 역점수로 변환하기이다. 실습은 건강 상태(변수명: health) 변수를 이용해 실시해 보도록 한다. 건강 상태는 원자료에서 값의 숫자가 높을수록 건강하지 않은 것을 의미하는데, 해석의 편의상 값이 클수록 건강한 편이라고 하기 위해 이를 역코딩해 보도록 한다. 건강 상태의 역문항임을 표현하기 위해 새로운 변수명은 '역건강 상태'로 변경하고, 기존값 1, 2, 3, 4, 5 → 5, 4, 3, 2, 1로, 즉 값이 클수록 건강한 상태로 해석되도록 변경한다.

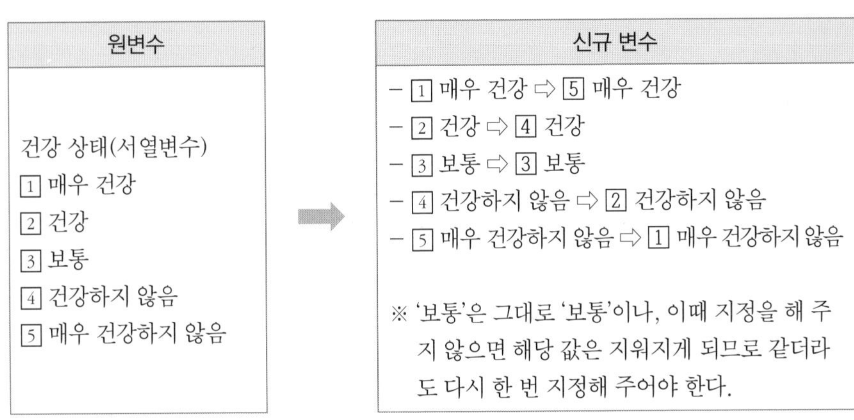

SPSS 분석과정

SPSS 상단에 메뉴바에 변환(T) → 다른 변수로 코딩변경(R) → 변경할 변수 찾기 → 화살표를 이용하여 확인하고자 하는 변수를 오른쪽 변수 입력(V) 칸에 이동 → '출력변수' 창에 새로운 변수 이름(N) 지정 → 변경(H) 버튼 클릭 → 기존값 및 새로운 값(O) 선택 → 기존값을 새로운 값으로 변경 + '시스템 또는 사용자 결측값(U)'은 시스템 결측값(Y)도 반드시 선택 → 모든 변수 설정 → 계속 → 확인 → '변수 보기' 창에서 신규 변수 생성 확인(가장 밑에 생성) → 변수값 입력(매우 건강하지 않음=1, 건강하지 않음=2, 보통=3, 건강=4, 매우 건강=5)

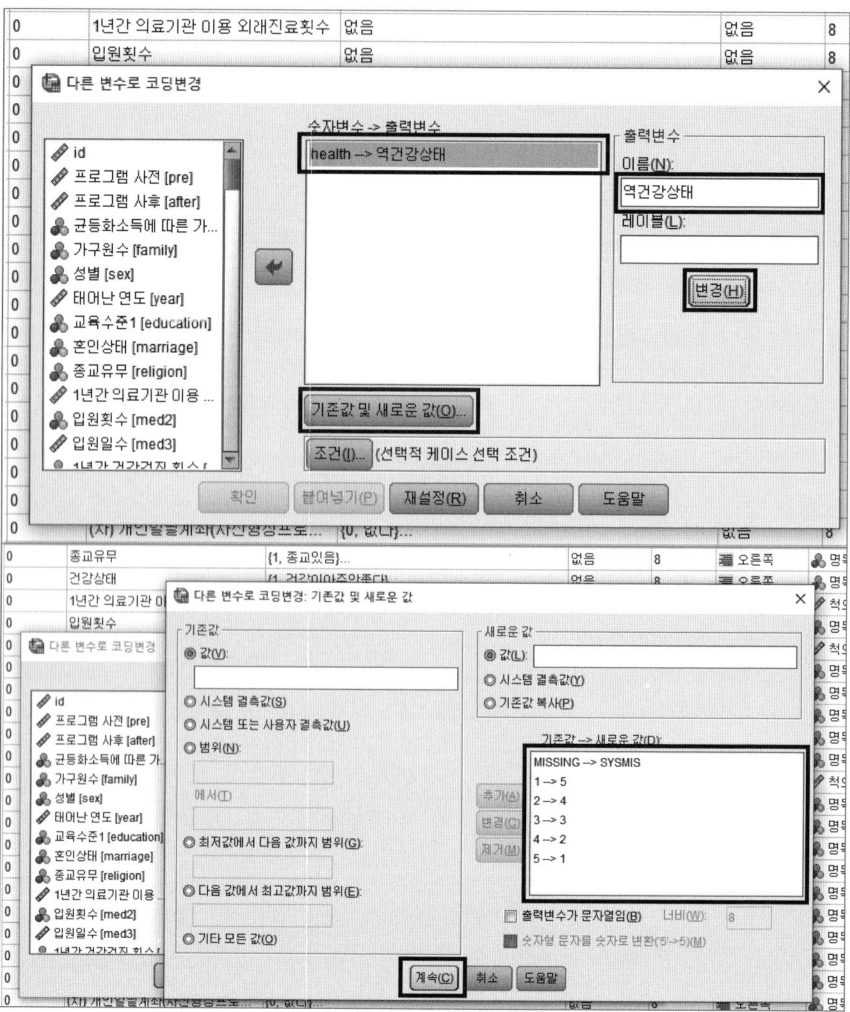

[그림 5-9] 역점수로 변환하기(계속)

[그림 5-9] 역점수로 변환하기

다음 각각의 변수를 목적에 맞게 변환해 보자. 최종적으로는 변수값 설명까지 지정해 준다.

1. 연속변수를 범주형 변수로 변환하기
   –자원봉사 연간 횟수('social6')를 '① 0회 ② 1회~50회 ③ 51회~100회 ④ 101회 이상'의 4범주로 변환하기

2. 하위범주를 상위범주로 변환하기
   –5개의 범주로 되어 있는 건강만족도('a1')를 '① 만족 하 ② 만족 중 ③ 만족 상'의 3범주로 변환하기

3. 더미변수 변환하기
   –현재의 종교유무('religion') 변수의 '① 종교있음 ② 종교없음'에서 '⓪ 종교없음 ① 종교있음'의 더미변수로 변환하기

4. 역점수로 변환하기
   –우울척도인 'd1 ~d11' 중 역문항을 찾아 역처리 변환하기
   –자아존중감척도인 'e1 ~e10' 중 역문항을 찾아 역처리 변환하기

4. 변수 계산하기

변수 계산하기는 원자료에서 척도의 각 문항들을 합산한 합점수나 평균점수를 구해야 하는 경우, 연산을 이용하여 새로운 변수로 생성이 필요한 경우(예: 원자료는 출생연도로 되어 있는데, 이를 현재 연령으로 변경하고자 하는 경우) 등에 사용되는 기능이다. 변수 계산하기는 다양한 함수나 연산 등의 많은 기능이 제공되는데, 여기서는 가장 많이 활용되는 척도 문항 묶기와 연산을 이용한 새 변수 생성하기의 2가지의 작업을 실습해 보고자 한다.

SPSS 분석과정

SPSS 상단에 메뉴바에 변환(T) → 변수계산(C) → 목표변수(T)에 새로운 변수명 작성 → 숫자표현식(E)에 적절한 식을 계산하고자 하는 해당 변수와 함께 기입하거나 함수집단(G) 이용 → 통계 선택 → Sum 더블클릭 → SUM(변수1, 변수2, 변수3) → 확인 → '변수 보기' 창에서 신규 변수 생성 확인(가장 밑에 생성)

- Sum: 척도 단순 합, Mean: 문항들의 평균 점수

'변수 계산하기 실습 1'은 척도 문항 묶기로 각 개별 문항들의 합을 구한다. 여기서는 함수기능인 SUM을 이용한 합산을 해 보도록 한다(만약 함수식을 이용하여 평균을 구하고자 한다면 함수에서 'Mean'을 선택하고 나머지는 동일하게 하면 된다). 우울 척도인 'd1~d11'의 11개의 문항의 합을 구하는데, 척도 합산 시 문항 중 역문항이 존재하는 경우 역코딩 작업을 먼저 실시하고, 역코딩한 변수로 합산하도록 한다. 여기서는 d2와 d7이 역문항이기에 이를 역코딩한 후(d2 → dd2, d7 → dd7) 합산한다. 해당되는 변수들을 사이에는 ','를 반드시 기입하고, 변수들 양쪽으로 괄호식이 되어 있는지 확인한다. 역문항 처리는 '(4) 역점수로 변환하기' 부분을 참고 바란다.

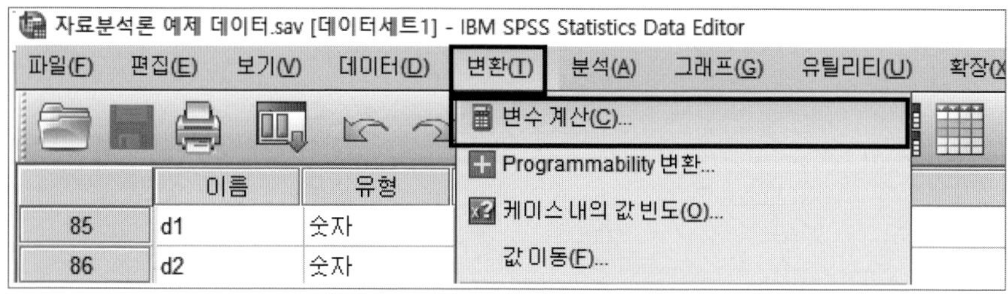

[그림 5-10] 척도 문항 묶기(계속)

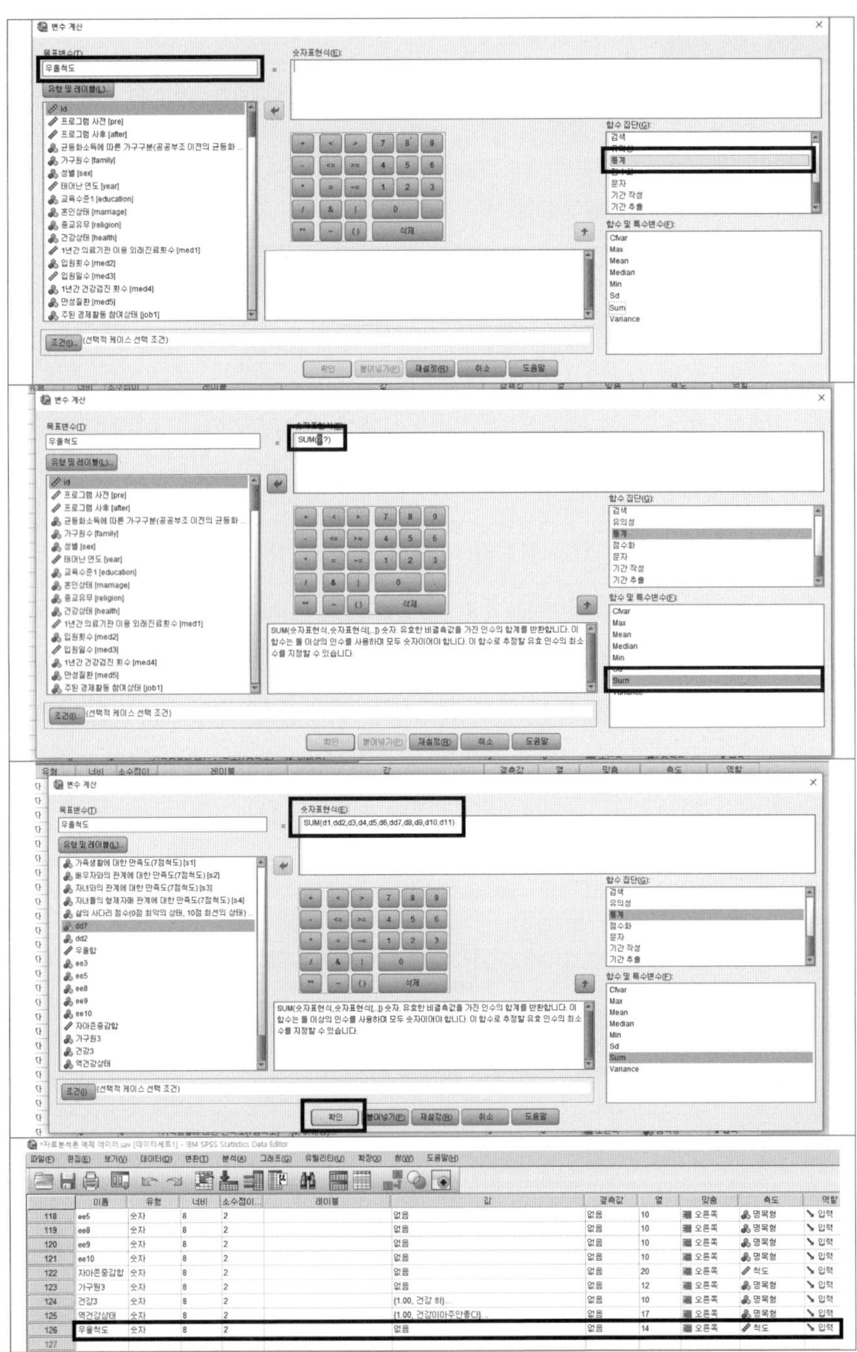

[그림 5-10] 척도 문항 묶기

변수 계산하기의 SUM 기능을 이용하여 가장 마지막 항목에 우울척도가 생성되며, 이는 11개의 문항을 합하여 최소 4점부터 최대 44점에 이르는 연속되는 값을 가지므로 연속변수를 사용하는 통계에 활용될 수 있다.

친절한 TooMuchInformation

문항 합산 변수 계산의 또 다른 방법은 함수식(Sum)을 이용하지 않고, 변수 계산 칸에 해당 변수를 모두 더하는(+) 방식도 있다.

숫자표현식(E):

d1+dd2+d3+d4+d5+d6+dd7+d8+d9+d10+d11

이 방식은 척도들 문항 중 한 문항이라도 결측이 존재할 경우는 해당 데이터는 제외하고 합산이 된다. 반면 함수식은 결측값이 있더라도 모든 데이터가 포함되어 계산이 되는 방식이니 연구의 목적에 맞게 사용하면 된다.

'변수 계산하기 실습 2'는 연산을 이용해 새로운 변수를 생성하는 것으로, 태어난 연도로 코딩된 'year' 변수를 계산식을 통해 현재의 연령으로 만들어 주는 작업이다. 현재의 연령은 현재의 연도에서 태어난 연도를 빼는 식으로 수식을 만들어 준다.

SPSS 분석과정

SPSS 상단에 메뉴바에 변환(T) → 변수계산(C) → 목표변수(T)에 새로운 변수명 작성 → 숫자표현식(E)에 '2019–year'를 기입 → 확인 → '변수 보기' 창에서 신규 변수 생성 확인(가장 밑에 생성)

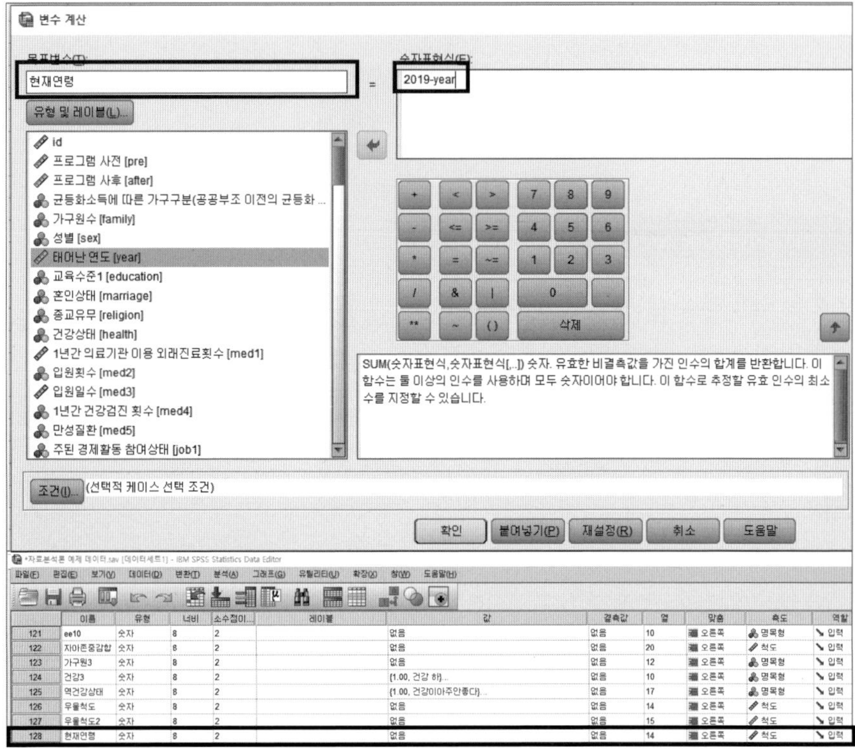

[그림 5-11] 연산을 이용한 변수 계산하기

연산을 이용한 변수 계산을 통해 가장 마지막 항목에 연령이 생성되면, 현재의 연도에서 태어난 연도를 뺄셈하였으므로 연령변수는 케이스마다의 개별 연령이 된다.

통계사냥

자아존중감 척도 생성을 위해 'e1~e10'의 10개의 문항을 SUM 기능을 이용하여 합산하되, 역문항 처리 후 합산하라.

- 역문항: e3, e5, e8, e9, e10

5. 케이스 선택하기

케이스 선택하기는 필요로 하는 조건만을 선택하는 기능으로, 보통 한 변수 내의 카테고리 중 특정한 항목을 선택해서 분석을 실시할 경우 활용된다. 예를 들어, 성별 중 남자만 선택하여 분석이 필요할 때, 성별변수에서 남자만 선택하는 기능을 이용한다.

케이스 선택하기 작업을 실시한 뒤, '데이터 보기' 창으로 이동하면 [그림 5-12]와 같이 빗금이 쳐 있는 것을 확인할 수 있다. 남자만을 선택하였으므로, 빗금은 여자인 경우의 케이스이다. 케이스 선택하기 작업의 주의사항은 선별하여 확인하고자 했던 변수의 확인 이후에는 조건을 해지하는 작업이다. 즉, 다시 '모든 케이스(A)' 지정이나 '재설정(R)' 버튼을 눌러서 원위치시켜 준다. 만약 이 작업을 하지 않으면 이후의 모든 분석은 해당 항목이 선택된 채 작업이 수행되므로 이를 유의해야 한다.

SPSS 분석과정

SPSS 상단에 데이터(D) → 케이스 선택(S) → 조건을 만족하는 케이스(C) → 조건 버튼 클릭 → 변수와 선택 항목 기입, 성별 변수 이동하여 남자인 1값을 지정, 성별=1 → 계속 → 출력결과: 케이스 필터/새 파일 복사/케이스 삭제 등 선택 → 확인

[그림 5-12] 케이스 선택하기(계속)

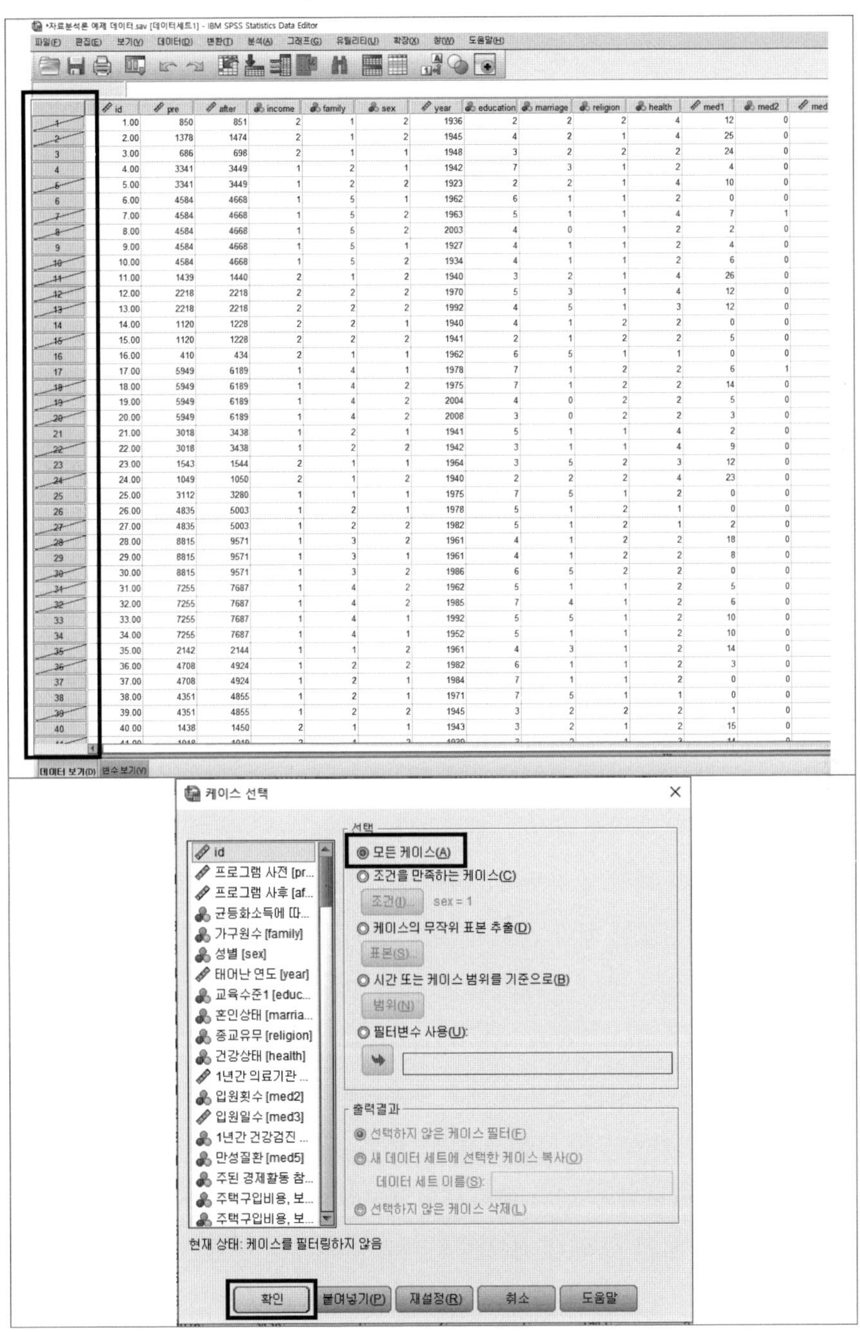

[그림 5-12] 케이스 선택하기

종교유무인 'religion' 변수를 이용하여 종교가 있는 사람만 선택하라.

- 종교있음 = 1

6. 명령문 활용하기

명령문(Syntax File) 활용은 SPSS 내의 모든 작업 및 분석에 활용될 수 있는 유용한 기술이다. 해당 작업 및 분석에서 마지막 '확인' 전에 '확인' 버튼 옆의 '붙여넣기'를 누르는 것이 명령문 파일을 생성하는 방법이다. '붙여넣기' 버튼을 누르면 곧바로 '출력결과' 창이 제시되지 않고 [그림 5-13]과 같이 명령문 파일로 전환되며, 여기에 해당 분석을 구성하는 명령문이 제시된다. 명령문 전체를 드래그한 다음 메뉴 상단에 초록색 '▶' 버튼을 누르면 '출력결과' 창이 뜬다.

SPSS는 본래 사용자 편리성에 기반한 방식으로 구성되어 해당 버튼을 누르면 분석이 수행되는 편리성을 제공한다. 그러나 분석을 실행하다 보면 버튼 누르는 것보다 해당 명령문이 기반이 된 상태에서 변수명만 바꿔 가며 분석을 하는 것이 수월할 때가 반드시 온다. 특히 고급통계로 갈수록 여러 변인들 가운데에서 어떤 변인을 제거하고 난 뒤 모형을 보고, 이를 다시 다른 변수를 제거하고 난 뒤의 모형을 보는 것과 같이 변수만 바꿔서 작업을 여러 번 시행해야 될 때는 명령문 활용이 매우 유용하다. 명령문 사용은 명령문 파일 자체로도 저장되기 때문에 나중에 '분석' 버튼을 여러 번 안 눌러도 전에 했던 분석이 그대로 재현될 수 있는 편리성을 제공해 준다.

'명령문 활용 실습'은 앞서 케이스 선택하기 실습한 분석을 활용하여 연습해 보자. '케이스 선택'에서 해당 작업을 선택한 뒤에 아래 '붙여넣기(P)'를 눌러 보자. 누르면 명령문 파일로 넘어가며 케이스 선택하기에 대한 명령문이 제시된다. 실은 저 명령문들을 통해 분석되는 것이다. 명령문 전체를 드래그해서 상단 메뉴에 초록색 버튼을 누르면 해당 명령이 실행된다. 명령문 활용은 모든 분석에서 사용 가능하다. 명령문 안에서 변수를 바꾸거나 추가하는 방식으로 모든 분석에 버튼을 일일이 다 누르지 않아도 빠르게 분석을 하는데 매우 유용하게 활용할 수 있다.

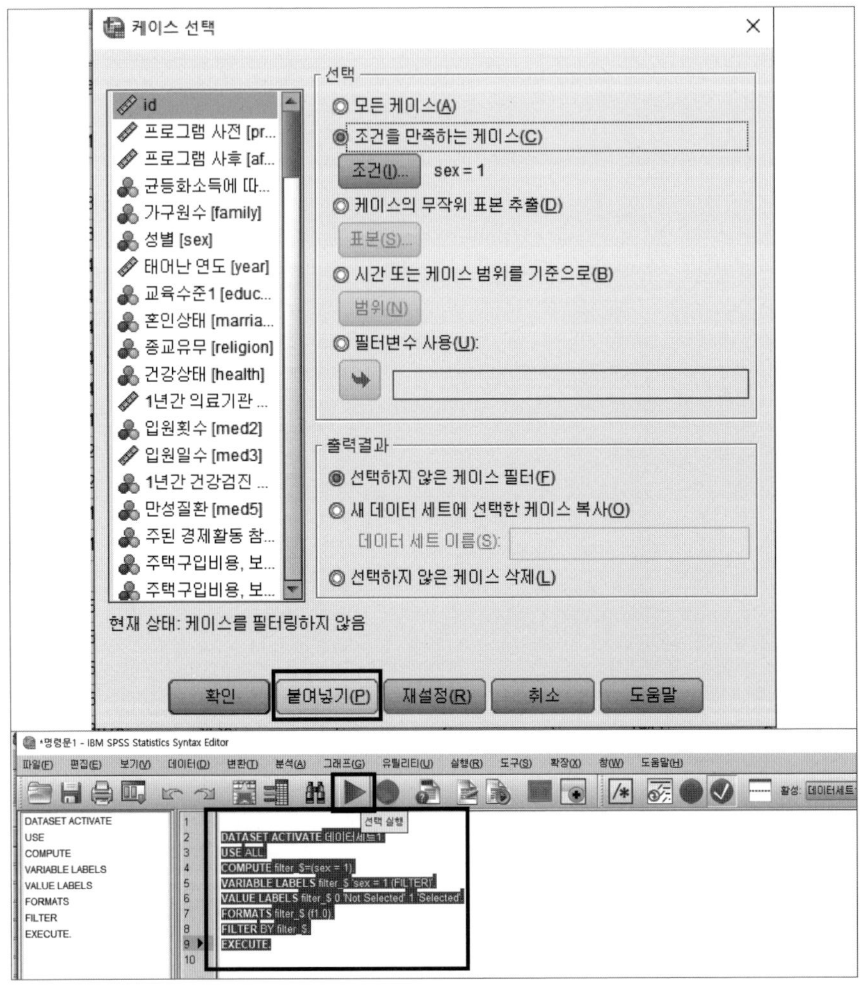

[그림 5-13] 명령문 사용하기

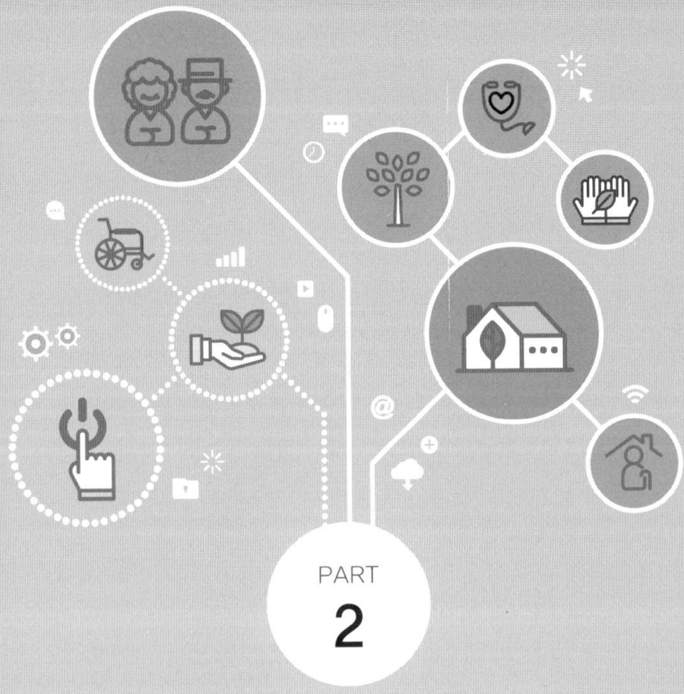

PART 2

기초분석

Part 1에서는 본격적인 분석을 하기 위한 사전 작업에 관해 학습했다. Part 2에서는 사전 작업들을 바탕으로 한 기초부석을 다뤄 보고자 한다. 대표적인 기초분석은 빈도분석과 기술통계로 구분되며, 추가적으로 다중응답분석이 포함된다. 이들은 연구에서 제시하고자 하는 주요 변수들의 기초적 · 기술적으로 나타낼 수 있는 수치들, 즉 해당 개수나 인원, %, 평균, 표준편차, 우선순위 파악 등에 관련된 기초적인 정보를 제시하기 위한 목적으로 이용된다.

통계에 있어 기초분석은 가장 기초적 단계에 해당되는 분석이나, 실제현상을 있는 그대로 나타내는 진솔한 값을 보여 주는 의미가 있다. 경우에 따라서는 굳이 어려운 분석을 사용하지 않고 기초분석만 잘 활용해도 의미 있는 보고서가 될 수 있다. 따라서 어려운 분석기법에 연연하기보다는 데이터가 나타내는 있는 그대로의 숫자의 의미가 무엇인지를 고민하는 자세가 필요하다. 즉, 이 숫자가 사회복지현장에서는 어떤 의미일지를 연결지어 생각을 확장시키는 것, 그리고 다른 선행연구에서는 이를 어떻게 분석했는지 등을 연결지어 논한다면 기초분석이어도 훌륭한 보고서의 역할을 해 낼 수 있다.

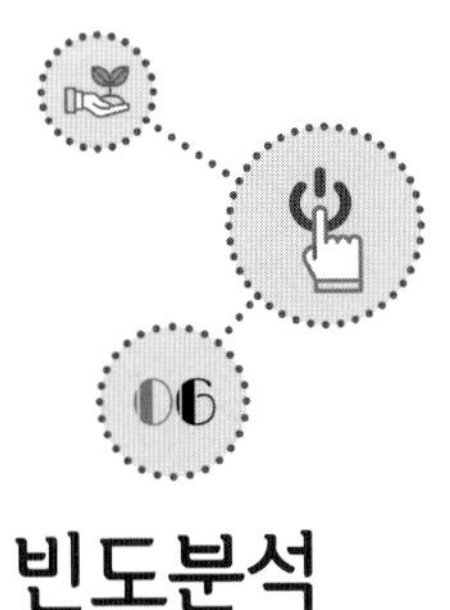

빈도분석

우리과 학생들 40명을 대상으로 가장 선호하는 우유를 조사하였다고 가정해 보자. 당신이라면 바나나 우유 vs 초코 우유 vs 딸기 우유 vs 커피 우유 vs 흰 우유 중 무엇을 선택하게 될까? 어느 우유가 가장 많은 선택을 받았고, 이어 두 번째, 세 번째, 네 번째, 다섯 번째 선호 우유는 어떤 우유가 되었을까? 이처럼 해당 카테고리가 전체 중 차지하는 숫자와 비율로 표현한 것이 바로 빈도분석을 통해 이루어질 수 있다.

[분석의 기본 가정]

빈도분석(frequency analysis)은 명목변수, 서열변수와 같은 비연속변수의 빈도와 비율(%)을 확인하는 분석으로, 카테고리별 해당 빈도와 이 빈도가 전체 중 차지하는 비율(%)에 관한 정보가 필요할 때 사용한다. 또한 이상값 확인이나, 잘못 입력된 값을 확인하는 데이터 클리닝 기능이 필요할 때에도 사용되고, 입력된 자료의 전체 분포 양상을 확인하는 용도로도 사용된다.

SPSS 분석과정

SPSS 상단에 메뉴바에 분석(A) → 기술통계량(E) → 빈도분석(F) → 화살표를 이용하여 확인하고자 하는 변수를 오른쪽 변수(V) 칸에 이동 → 확인 → '출력결과' 창 확인

'빈도분석' 창이 열리면, 왼쪽에 있는 변수 중 빈도분석을 하려는 변수를 클릭하여 화살표나 드래그 이동을 통해 변수(V)로 가져간다. 이어 확인을 누르면 빈도와 비율(%) 정도를 나타내는 기본 정보는 출력되나, 최소값, 최대값, 백분위수, 왜도, 첨도 등의 추가 정도가 필요하면 통계량 버튼을 눌러 해당 분석을 누르면 결과가 산출된다. 빈도분석은 대개 빈도와 비율(%)의 정보를 많이 활용하지만, 원도표, 막대도표, 히스토그램 등의 그림이 필요할 때도 활용 가능하다. 빈도분석은 또한 본래 사용되는 경우가 아닌, 코딩한 후 잘못 기입된 값을 찾거나, 연속변수인데 변수의 전체적인 분포를 보기 위한 목적으로도 빈도가 사용될 수 있다.

다음의 예제는 교육수준을 나타내는 'education' 변수의 빈도분석을 실시한 내용이다.

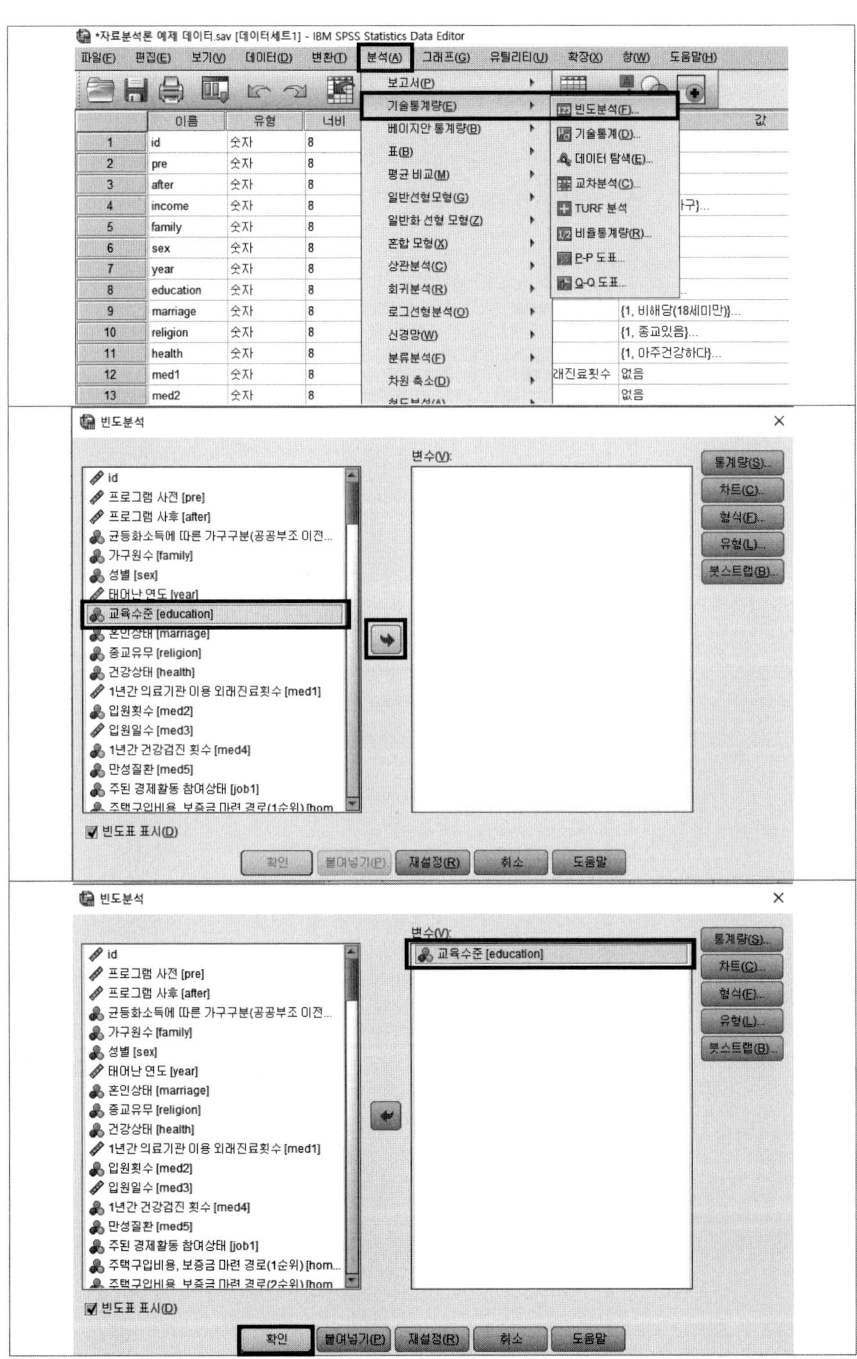

[그림 6-1] 빈도분석

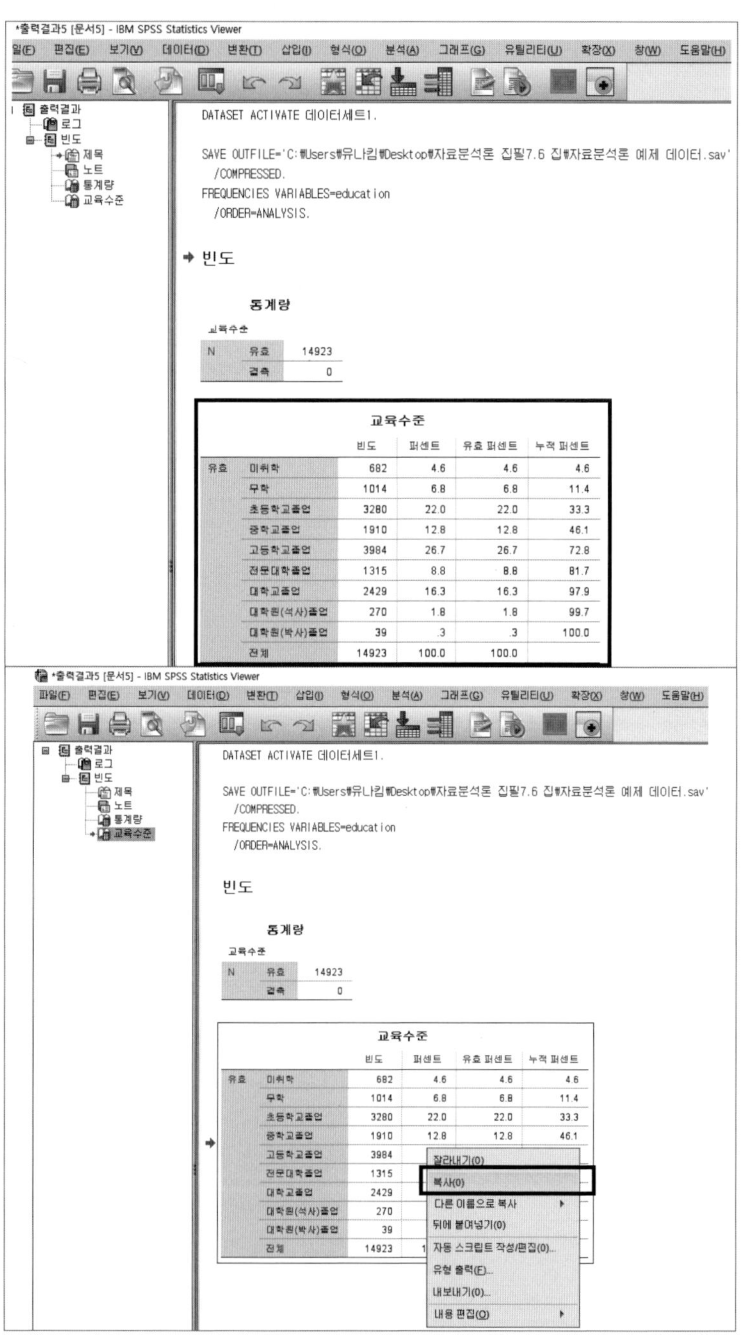

[그림 6-2] 빈도분석 출력결과

원도표나 막대도표 등의 그림이 필요한 경우, 빈도분석의 '차트(C)' 버튼을 눌러 원하는 도표유형을 선택 후, '계속' '확인' 버튼을 누르면 [그림 6-3]과 같이 도표가 제시되며, 이는 복사하기 기능 통해 한글 파일에 붙여넣기가 가능하다.

친절한 TooMuchInformation

SPSS에서의 원도표나 막대도표, 히스토그램 등의 그래프 사용 기능이 수월하기는 하나, 엑셀에 비해 그림으로 구현하는 수준이 다소 떨어진다. 따라서 시각적인 자료가 매우 중요한 보고서라면 엑셀에서 따로 그린 그림을 추천한다. SPSS에서 그림을 보다 정교화하고자 한다면, 해당 도표를 클릭하고 오른쪽 버튼을 눌러 '도표편집기' 기능을 사용한다.

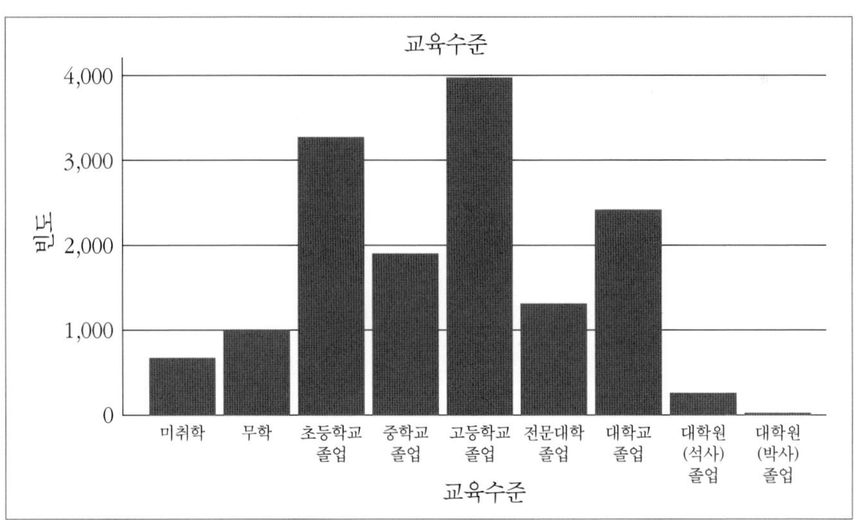

막대도표

[그림 6-3] 빈도분석 그림(계속)

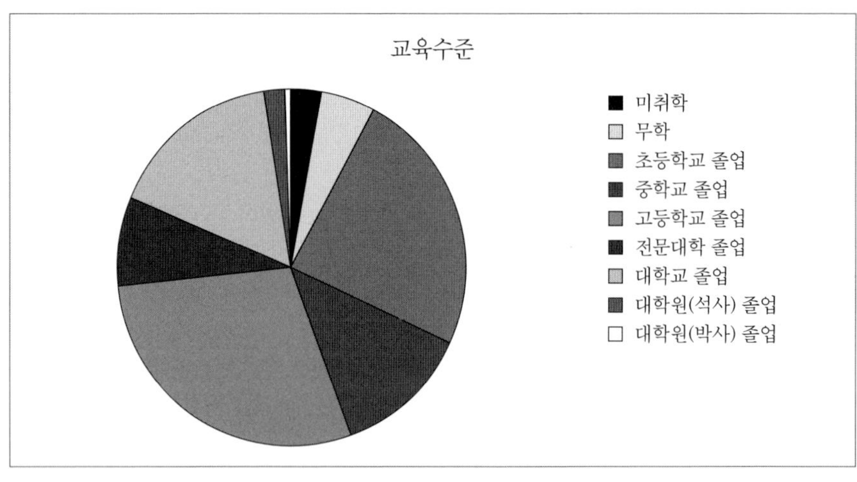

원도표

[그림 6-3] 빈도분석 그림

[분석결과 해석]

빈도분석은 해당 항목의 빈도와 비율을 그대로 보고하면 되는데, 가장 높은 순위의 값부터 제시하기도 하고, 전체적인 분포를 각 항목별로 있는 그대로 제시하기도 한다. 퍼센트와 유효 퍼센트는 사용 목적에 따라 선택하면 되는데, 퍼센트는 무응답 등의 결측값까지를 100%로 두고 나눈 퍼센트이다. 무응답의 비율이 필요하다면 퍼센트의 값을 보고하면 된다. 유효 퍼센트는 결측값을 제외하고 100%를 산정한 것으로 이 둘 중 필요에 따라 선택해서 보고하면 된다. 결측값이 없다면 퍼센트와 유효 퍼센트는 동일하다.

문서에 제시하는 빈도분석의 결과와 해석의 예는 다음과 같다.

[보고서 작성]

조사대상자의 교육수준은 '고등학교 졸업'이 3,984명(26.7%)으로 가장 많았고, 이어 '초등학교 졸업'이 3,280명(22.0%), '대학교 졸업'이 2,429명(16.3%)

의 순으로 높게 나타났다. 전체 조사대상자의 54% 정도가 고등학교 이상의 학력을 가진 것으로 조사되었다.

표 6-1 조사대상자의 교육수준

구분	빈도(명)	비율(%)
미취학	682	4.6
무학	1,014	6.8
초등학교 졸업	3,280	22.0
중학교 졸업	1,910	12.8
고등학교 졸업	3,984	26.7
전문대학 졸업	1,315	8.8
대학교 졸업	2,429	16.3
대학원(석사) 졸업	270	1.8
대학원(박사) 졸업	39	0.3
합계	14,923	100.0

빈도분석의 해석은 위와 같이 가장 높은 순위부터 다음 순위의 빈도와 비율을 제시하는 게 일반적이나, 이러한 빈도를 통해 데이터에서 더 드러낼 것이 있는지 살펴보는 것도 필요하다. 다음에 제시한 빈도분석의 두 가지 예시를 보면, 먼저 보편적인 빈도분석의 서술방식이 제시되어 있고, 이어 연구자가 더 드러내고자 하는 내용이 추가적으로 작성되어 있다. 밑줄 친 부분을 보면 단지 숫자의 순서만 표시한 것이 아닌, 그 숫자가 의미하는 바를 연구자가 더욱 확장시켜 표현한 것을 볼 수 있다. 이처럼 연구자가 숫자를 통해 고민하고 확장된 부분을 드러내는 것은 데이터를 한층 더 풍부하게 분석한 훌륭한 예라고 할 수 있다.

예시

■ **빈도분석 예시 1**

조사대상자의 연령분포는 '75~79세' 145명(26.7%), '70~74세' 127명(23.4%)으로 전체 조사대상자 중 70대가 절반 이상을 차지하였으며, 80세 이상 초고령 노인이 전체 조사대상자의 32%로 전반적으로 70세 이상의 고령노인의 비율이 전체 응답자의 80% 이상의 매우 높은 비율로 조사됨

〈조사대상자의 연령별 분포〉

구분	빈도(명)	비율(%)
~ 64세	11	2.0
65세~69세	83	15.3
70세~74세	127	23.4
75세~79세	145	26.7
80세~84세	89	16.4
85세~89세	33	6.1
90세 이상	12	2.2
무응답	43	7.9
합계	543	100.0

■ **빈도분석 예시 2**

○○시 거주기간을 조사한 결과 '71년 이상'이 35.2%로 가장 높은 응답률을 보였으며, 30년 이상 거주자가 전체 응답자의 77% 정도를 차지한 바, 응답자의 상당수가 ○○시에서 오랜 기간 동안 생활해 지역 토착민임을 알 수 있음

〈조사대상자의 ○○ 거주기간〉

범주	빈도(명)	비율(%)
10년 이하	49	9.0
11~20년	26	4.8
21~30년	26	4.8
31~40년	40	7.4
41~50년	59	10.9
51~60년	56	10.3
61~70년	72	13.3
71년 이상	191	35.2
무응답	24	4.4
합 계	543	100.0

출처: 보건복지부(2015).

친절한 TooMuchInformation

모든 통계분석 결과를 해석할 때 분석 수준을 한 단계 더 높이고 싶다면, 현재의 연구결과와 관련된 현상에 관해 선행연구에서 제시한 연구결과와 비교 · 분석하고 이에 대한 출처를 제시하면 더욱 훌륭한 분석결과가 될 수 있다. 그러므로 단순한 분석이라도 잘 활용해 보자.

빈도분석 실습하기

혼인 상태를 묻는 'marriage' 변수의 빈도분석을 실시하고, 결과를 보고하라. 비율은 유효 퍼센트 값을 제시하도록 한다.

- 빈도분석 결과

〈조사대상자의 혼인 상태〉

구분	빈도(명)	비율(%)
비해당(18세 미만)		
유배우		
이혼		
별거		
미혼		
기타(사망 등)		
합계		100.0

기술통계분석

변수의 값이 연속되어 있는 변수는 6장의 빈도분석처럼 각각의 분포를 확인하는 것이 아닌 평균이라는 대표값으로 간단하게 설명할 수 있다. 이때 사용되는 것이 기술통계분석(descriptive statistics)이다.

[분석의 기본 가정]

기술통계는 평균과 표준편차의 정보가 필요할 때 사용하는 분석으로, 등간변수와 비율변수와 같은 연속변수가 사용될 수 있다. 그러나 사회과학에서는 리커트 척도와 같이 본래 서열변수이지만 연속변수로 취급하여 사용되는 것을 허용하기도 한다.

SPSS 분석과정

SPSS 상단에 메뉴바에 분석(A) → 기술통계량(E) → 기술통계(D) → 화살표를 이용하여 확인하고자 하는 변수를 오른쪽 변수(V) 칸에 이동 → 확인 → '출력결과' 창 확인

기술통계가 기본적으로 제시하는 정보는 빈도, 최소값, 최대값, 평균, 표준편차이다. 분석 시 옵션 안의 다른 정보들 중 필요한 것이 있다면 체크하여 실행하면 해당 정보가 추가로 출력된다.

다음의 예제는 조사대상자의 의료기관 이용 관련한 평균횟수를 알고자 1년간 의료기관 외래진료횟수 'med1'과 입원횟수 'med2'의 기술통계를 분석한 내용이다. 통상적으로 보고서에 제시되는 소수점은 둘째자리까지 제시하므로 셋째자리에서 반올림하도록 한다.

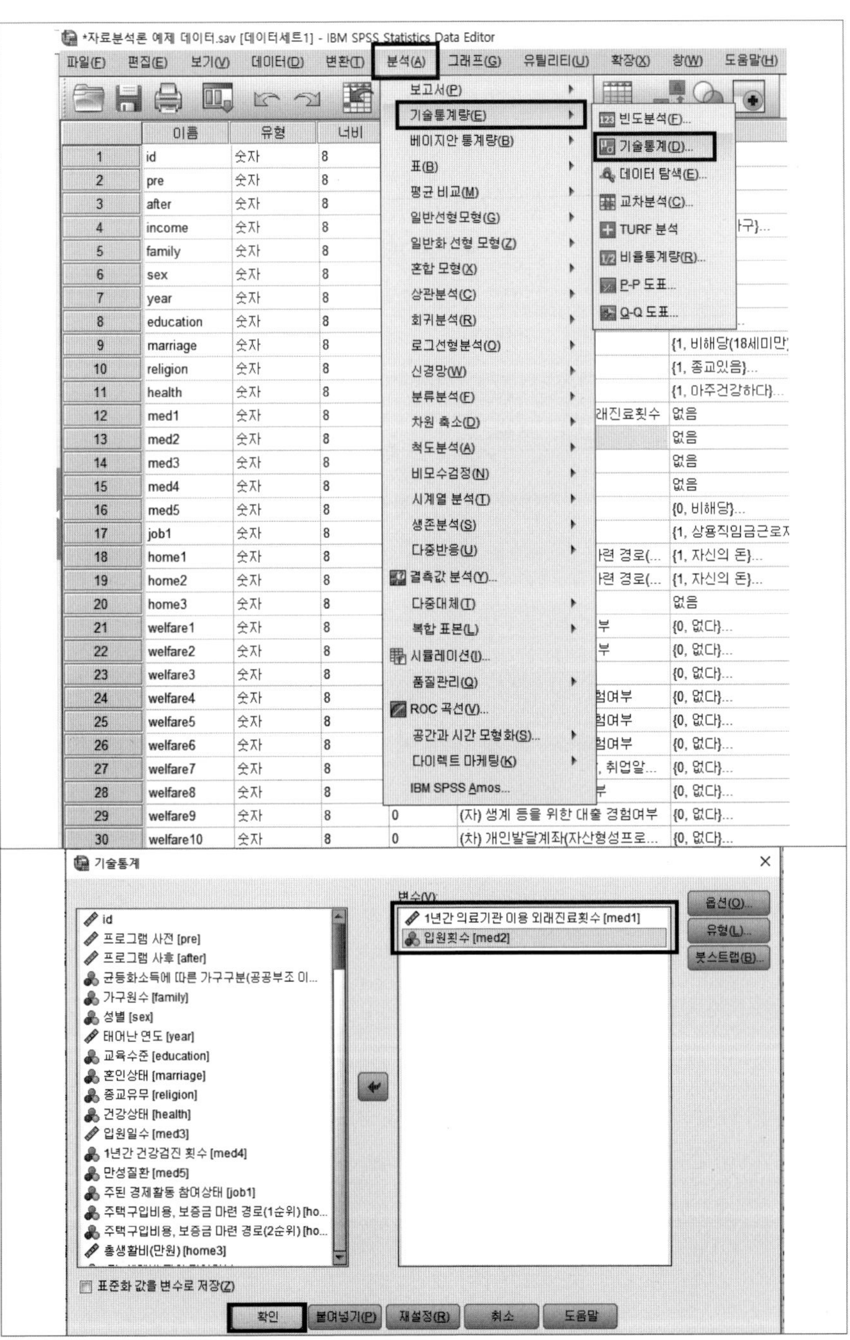
*자료분석론 예제 데이터.sav [데이터세트1] - IBM SPSS Statistics Data Editor
파일(F) 편집(E) 보기(V) 데이터(D) 변환(T) 분석(A) 그래프(G) 유틸리티(U) 확장(X) 창(W) 도움말(H)
보고서(P)
기술통계량(E)
베이지안 통계량(B)
표(B)
평균 비교(M)
일반선형모형(G)
일반화 선형 모형(Z)
혼합 모형(X)
상관분석(C)
회귀분석(R)
로그선형분석(O)
신경망(W)
분류분석(F)
차원 축소(D)
척도분석(A)
비모수검정(N)
시계열 분석(T)
생존분석(S)
다중반응(U)
결측값 분석(Y)...
다중대체(T)
복합 표본(L)
시뮬레이션(I)...
품질관리(Q)
ROC 곡선(V)...
공간과 시간 모형화(S)...
다이렉트 마케팅(K)
IBM SPSS Amos...
빈도분석(F)...
기술통계(D)...
데이터 탐색(E)...
교차분석(C)...
TURF 분석
비율통계량(R)...
P-P 도표...
Q-Q 도표...
이름 유형 너비
id pre after income family sex year education marriage religion health med1 med2 med3 med4 med5 job1 home1 home2 home3 welfare1 welfare2 welfare3 welfare4 welfare5 welfare6 welfare7 welfare8 welfare9 welfare10
기술통계
id
프로그램 사전 [pre]
프로그램 사후 [after]
균등화소득에 따른 가구구분(공공부조 이...
가구원수 [family]
성별 [sex]
태어난 연도 [year]
교육수준 [education]
혼인상태 [marriage]
종교유무 [religion]
건강상태 [health]
입원일수 [med3]
1년간 건강검진 횟수 [med4]
만성질환 [med5]
주된 경제활동 참여상태 [job1]
주택구입비용, 보증금 마련 경로(1순위) [ho...
주택구입비용, 보증금 마련 경로(2순위) [ho...
총생활비(만원) [home3]
변수(V):
1년간 의료기관 이용 외래진료횟수 [med1]
입원횟수 [med2]
옵션(O)...
유형(L)...
붓스트랩(B)...
표준화 값을 변수로 저장(Z)
확인 붙여넣기(P) 재설정(R) 취소 도움말

[그림 7-1] 기술통계

```
DESCRIPTIVES VARIABLES=med1 med2
  /STATISTICS=MEAN STDDEV MIN MAX.
```

→ 기술통계

기술통계량

	N	최소값	최대값	평균	표준편차
1년간 의료기관 이용 외래 진료횟수	14923	0	305	15.40	24.695
입원횟수	14923	0	20	.17	.631
유효 N(목록별)	14923				

[그림 7-2] 기술통계 출력결과

[분석결과 해석]

기술통계분석은 해당 변수의 전체 해당 수, 최소값, 최대값, 평균, 표준편차가 기본값으로 제시된다. 통계치는 연구목적에 따라 제시하면 되는데, 보통은 평균과 표준편차값 중심으로 제시하는 것이 일반적이다. 소수점은 통상적으로 둘째자리까지 제시한다(셋째자리에서 반올림). 문서에 제시하는 기술통계분석의 결과와 해석의 예는 다음과 같다.

[보고서 작성]

조사대상자의 의료기관 이용 특성으로 지난 1년간 의료기관 외래진료횟수와 입원횟수를 조사하였다. 조사결과, 지난 1년간 외래진료를 받은 횟수는 평균 15.4회(표준편차: 24.7)로 나타났고, 지난 1년간 입원횟수는 평균 0.17회(표준편차: 0.63) 정도인 것으로 나타났다.

표 7-1 조사대상자의 의료기관 이용 특성

변수	평균	표준편차
1년간 의료기관 이용 외래진료 횟수(회)	15.40	24.70
1년간 입원횟수(회)	.17	.63

친절한 TooMuchInformation

기술통계에서 제시하는 평균은 가장 대표적으로 사용되는 대표값임에도 불구하고 이상값에 매우 크게 영향을 받는다. 따라서 평균값이 그 대상자의 대표값으로 지나치게 높다면 이상값이 존재하는지도 함께 살펴볼 필요가 있겠다.

기술통계 또한 나타내는 평균과 표준편차값을 그대로 제시하는 것 외에 기준점과 비교하여 높고 낮음까지 평가할 수 있는 내용까지 포함된다면 보다 훌륭한 분석결과라 할 수 있겠다. 여기에 비교할 수 있는 관련 출처까지 제시한다면 더욱 훌륭한 분석결과가 될 수 있을 것이다. 다음은 빈도분석과 기술통계 분석 결과를 함께 제시하는 예시이며, 이를 통해 다양한 방법으로 분석결과를 나타낼 수 있음을 알 수 있다.

예시

- **빈도분석과 기술통계를 접목한 예시**

  알코올 사용장애 선별검사의 경우 음주를 하고 있는 대상자 중 알코올 문제 정도의 범주를 기준으로 하여 제시함. A는 '정상 음주자' '고위험 음주자'의 순으로 나타났고, 평균 점수는 8.03점으로 '위험 음주수준'에 해당됨. B와 C는 비슷한 양상을 나타내는데, A에 비해 정상 음주자 비율이 더 높으며 C는 특히 세 지역 중 정상 음주자 비율이 가장 높음. B와 C의 평균 알코올 사용장애 정도는 각각 7.26점과 4.22점으로 문제 음주의 임계점보다 낮아 정상 음주 범위에 해당되는 것으로 나타남

〈알코올 사용장애 선별검사 분석 결과〉

변수	범주		A시		B시		C시	
			빈도(명)	비율(%)	빈도(명)	비율(%)	빈도(명)	비율(%)
알코올 사용장애 선별검사	0~7점	정상 음주자	94	58.0	72	64.9	117	86.0
	8~11점	위험 음주자	27	16.7	18	16.2	8	5.9
	12~19점	고위험 음주자	40	24.7	15	13.5	7	5.1
	20점 이상	알코올 의존	1	0.6	6	5.4	4	2.9
	합계		162	100.0	111	100.0	136	100.0
평균			8.03점		7.26점		4.22점	

출처: 보건복지부(2015).

기술통계 실습하기

1. 건강 관련 변수 중 지난 1년간 건강검진 횟수를 'med4' 변수로 하여 기술통계분석하고, 결과를 보고하라.

■ 기술통계 결과

〈조사대상자의 건강검진 횟수〉

변수	평균	표준편차
1년간 건강검진 횟수		

2. 자아존중감 개별 문항을 척도로 합산(SUM)한 후, 이를 기술통계분석하고, 결과를 보고하라(e1~e10번까지 문항을 합산한 후 실시하되, e3, e5, e8, e9, e10 문항은 역문항 처리후 합산할 것).

■ 기술통계 결과

〈조사대상자의 자아존중감〉

변수	평균	표준편차
자아존중감		

다중응답분석

예를 들어, 화랑복지관에서는 복지관 이용 대상자들이 어떠한 프로그램을 선호하는지를 알고자 한다. 프로그램 기획에 앞서 어떠한 프로그램들이 선호되고 있으며, 이 중 어떠한 프로그램이 우선순위에서 높은지를 알아보고자 할 때 유용한 분석이 다중응답분석이다.

다중응답은 두 개 이상의 답을 구해야 하거나, 우선순위의 응답 분석이 필요한 경우 자주 사용되는 분석이다. 다중응답은 설문문항 구성 방식에 따라 두 가지 방식으로 사용될 수 있는데, 문항 코딩을 '해당=1' '비해당=0'으로 할 경우인 '이분형'과 여러 범주로 제시된 '범주형'으로 구분할 수 있다. 또한 우선순위에 따라 응답분석이 수행되는 순위형 다중응답분석이 있다.

1. 이분형 다중응답분석

[분석의 기본 가정]

이분형 다중응답은 다중응답에 해당되는 질문마다 '해당' '비해당'으로 응답하게 하고 이를 코딩할 때에는 '비해당은 0' '해당은 1'로 코딩한 경우에 사용될 수 있다.

SPSS 분석과정

SPSS 상단에 메뉴바에 분석(A) → 다중반응(U) → 변수군 정의(D) → 해당 변수 모두 화살표를 이용하여 '변수군에 포함된 변수(V)' 칸에 이동 → 변수들의 코딩형식에 이분형(D)을 선택하고 빈도화 값(O)에 '1'을 입력 → 이름(N)에 새로운 변수명 입력 → 오른편 다중반응 변수군(S)에 변수 추가(A) → 변수 생성 확인($변수명) → 닫기 → 다시 SPSS 상단에 메뉴바에 분석(A) → 다중반응(U) → 빈도분석(F) 활성화되어 있음 → 왼쪽 다중반응 변수군(M)에 생성한 변수 확인 후 → 표 작성 반응군(T)로 이동 → 확인 → '출력결과' 창 확인

※ SPSS 버전이 다른 경우 다중응답(U)을 클릭

이분형 다중응답 실습은 복지서비스 지원여부를 서비스 종류별로 질문한 10개의 변수 중 welfare1(생계비 지원 경험여부), welfare2(의료비 지원 경험여부), welfare3(물품지원 경험여부), welfare4(가정봉사서비스 경험여부). welfare5(식사배달 경험여부)의 5개의 변수만 선택하여 다중응답분석을 해보도록 하겠다. 코딩은 서비스 지원을 받고 있는 경우 '1'로, 지원을 못 받는 경우는 '0'으로 코딩되어 있다.

[그림 8-1] 이분형 다중응답(계속)

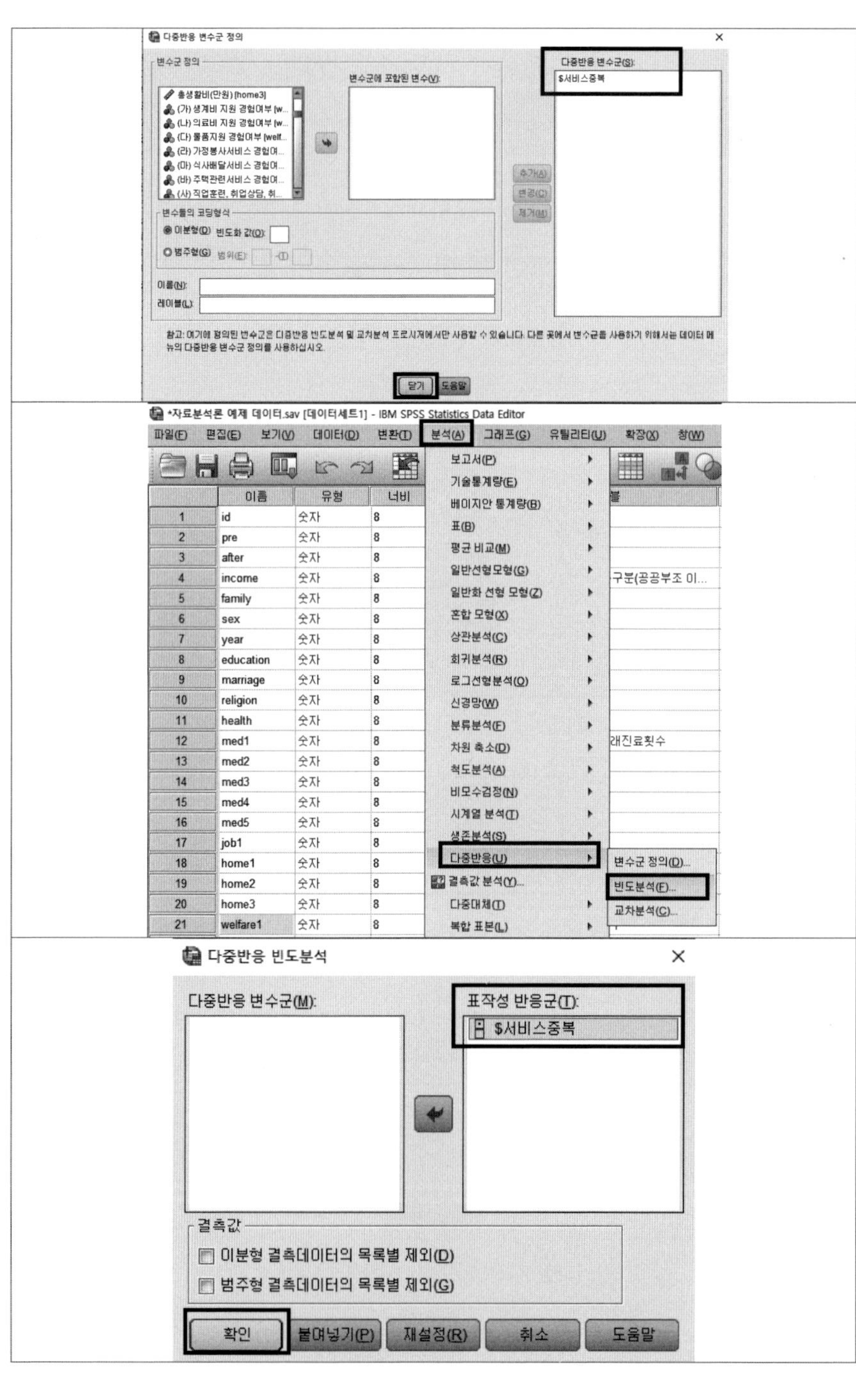

[그림 8-1] 이분형 다중응답

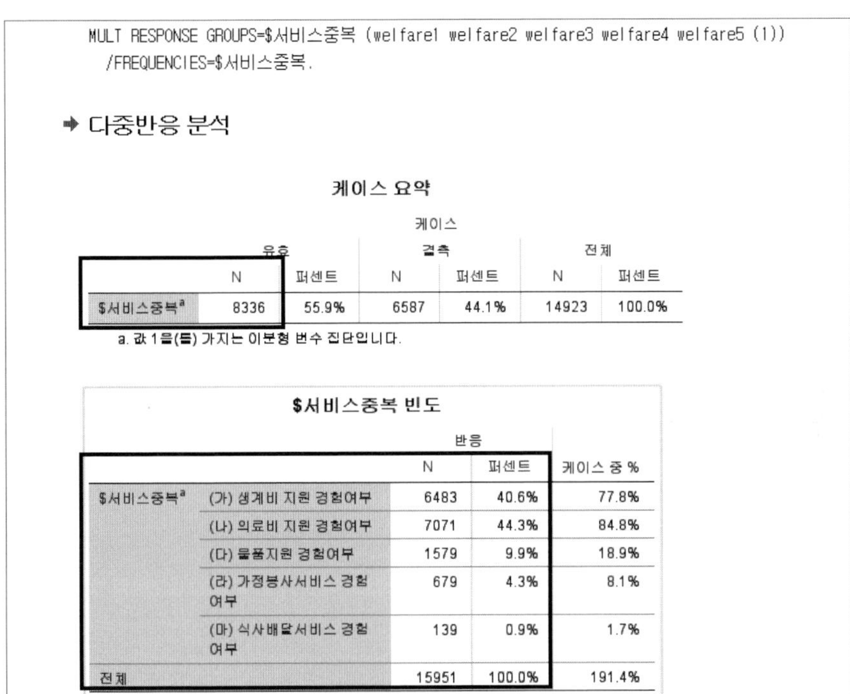

```
MULT RESPONSE GROUPS=$서비스중복 (welfare1 welfare2 welfare3 welfare4 welfare5 (1))
  /FREQUENCIES=$서비스중복.
```

➡ 다중반응 분석

케이스 요약

	케이스					
	유효		결측		전체	
	N	퍼센트	N	퍼센트	N	퍼센트
$서비스중복[a]	8336	55.9%	6587	44.1%	14923	100.0%

a. 값 1을(를) 가지는 이분형 변수 집단입니다.

$서비스중복 빈도

		반응		케이스 중 %
		N	퍼센트	
$서비스중복[a]	(가) 생계비 지원 경험여부	6483	40.6%	77.8%
	(나) 의료비 지원 경험여부	7071	44.3%	84.8%
	(다) 물품지원 경험여부	1579	9.9%	18.9%
	(라) 가정봉사서비스 경험여부	679	4.3%	8.1%
	(마) 식사배달서비스 경험여부	139	0.9%	1.7%
전체		15951	100.0%	191.4%

a. 값 1을(를) 가지는 이분형 변수 집단입니다.

[그림 8-2] 이분형 다중응답 출력결과

[분석결과 해석]

전체 대상자 중 서비스 지원을 1개라도 받은 응답자는 8,336명이었고, 총 15,951개의 서비스를 중복으로 받은 것으로 나타났다. 보고서에는 빈도와 비율을 기술하도록 한다.

[보고서 작성]

연구대상자의 서비스 지원경험 여부에 대한 중복응답 분석 결과, 총 5개 항목에 대해 15,951명이 서비스를 받은 경험이 있는 것으로 나타났다. 서비스 해당자가 8,336명인 것을 감안할 때, 1명의 대상자당 1.9개의 서비스를 받은 것으로 나타났다. 서비스 지원 중 가장 많이 받은 서비스는 의료비 지원이 7,071명(44.3%)로 가장 많이 받았고, 이어 생계비 지원이 6,483명(40.6%)으로 두 번째로 많이 받은 것으로 분석되었다. 이를 통해 복지서비스 지원은 다양한 지원 항목에도 대개 의료비나 생계비 중심으로 지원 경험이 몰려 있는 현상을 볼 수 있다.

표 8-1 연구대상자의 복지서비스 지원 경험 여부(중복응답)

구분	빈도(명)	비율(%)
생계비 지원 경험	6,483	40.6
의료비 지원 경험	7,071	44.3
물품지원 경험	1,579	9.9
가정봉사서비스 경험	679	4.3
식사배달서비스 경험	139	0.9
합계	15,951	100.0

welfare6~welfare10의 서비스 지원 항목에 관한 중복응답 결과를 분석하고 기술하라.

〈연구대상자의 복지서비스 지원 경험 여부(중복응답)〉

구분	빈도(명)	비율(%)
주택관련 서비스 지원 경험		
직업 서비스관련 지원 경험		
상담서비스 지원 경험		
대출서비스 지원 경험		
개인자산 형성 지원 경험		
합계		

2. 범주형 다중응답 분석

[분석의 기본 가정]

범주형 다중응답은 이분형의 '해당' '비해당'의 코딩이 아닌 질문에 해당하는 모든 응답의 경우의 수대로 문항을 만들어서 응답한 모든 값들을 분석하는 방법이다. 기본적인 사항은 이분형 다중응답과 유사하고, 변수의 코딩형식만 다르게 적용된다.

SPSS 분석과정

SPSS 상단에 메뉴바에 분석(A) → 다중반응(U) → 변수군 정의(D) → 해당 변수 모두 화살표를 이용하여 '변수군에 포함된 변수(V)' 칸에 이동 → 변수들의 코딩 형식에 범주(G)를 선택하고 범위(E)를 해당 문항의 가장 작은 번호부터 가장 큰 번호까지 숫자를 입력 → 이름(N)에 새로운 변수명 입력 → 오른편 다중반응 변수군(S)에 변수 추가(A) → 변수 생성 확인($변수명) → 닫기 → 다시 SPSS 상단에 메뉴바에 분석(A) → 다중반응(U) → 빈도분석(F) 활성화되어 있음 → 왼쪽 다중반응 변수군(M)에 생성한 변수 확인 후 → 표작성 반응군(T)로 이동 → 확인 → '출력결과' 창 확인

※ SPSS 버전이 다른 경우 다중응답(U)을 클릭

범주형 다중응답 실습은 '1년간 귀댁에 근심이나 갈등을 초래한 가장 큰 문제'를 두 개의 질문으로 한 'problem1' 'problem2'으로 다중응답분석을 해 보고자 한다. 코딩은 '정신건강'부터 '자녀의 결혼문제'까지 총 12개의 범주로 구성되어 있다.

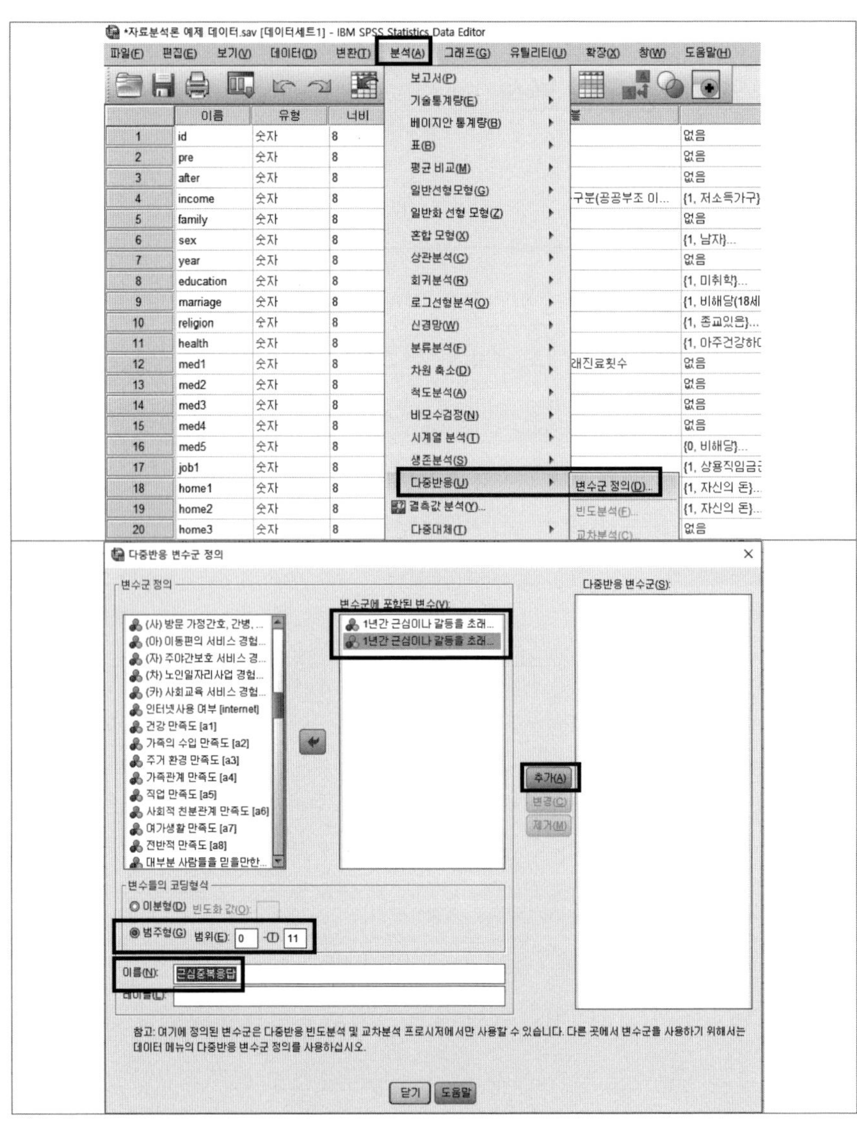

[그림 8-3] 범주형 다중응답(계속)

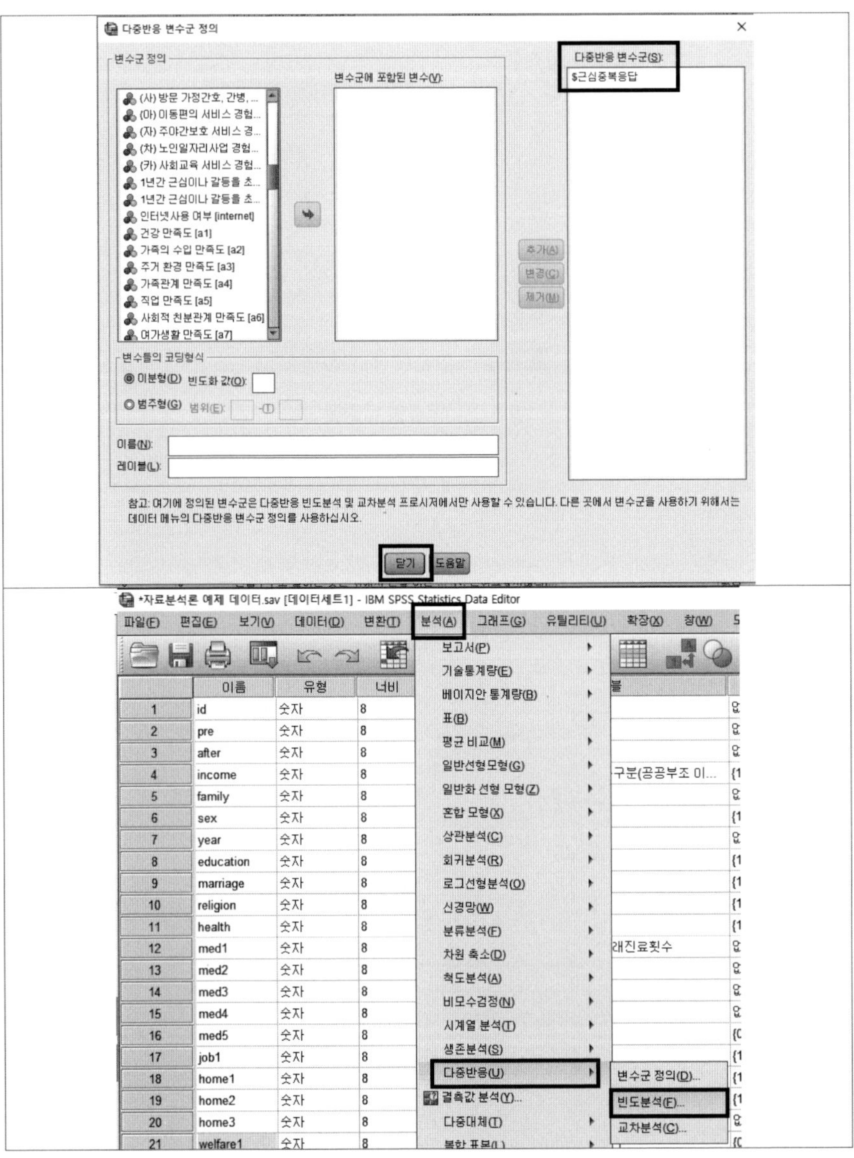

[그림 8-3] 범주형 다중응답(계속)

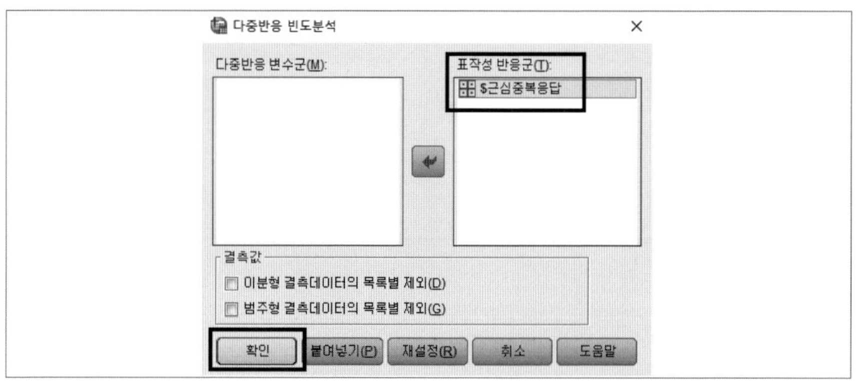

[그림 8-3] 범주형 다중응답

```
DATASET ACTIVATE 데이터세트1.

SAVE OUTFILE='C:₩Users₩유나킴₩Desktop₩자료분석론 집필7.6 집₩자료분석론 예제 데이터.sav'
  /COMPRESSED.
MULT RESPONSE GROUPS=$근심중복응답 (problem1 problem2 (0,11))
  /FREQUENCIES=$근심중복응답.
```

➡ 다중반응 분석

케이스 요약

	케이스					
	유효		결측		전체	
	N	퍼센트	N	퍼센트	N	퍼센트
$근심중복응답[a]	14923	100.0%	0	0.0%	14923	100.0%

a. 범주형 변수 집단

$근심중복응답 빈도

		반응		케이스 중 %
		N	퍼센트	
$근심중복응답[a]	정신건강	11883	51.9%	79.6%
	경제적 어려움(부채 또는 카드 빚 문제)	2644	11.5%	17.7%
	가구원의 취업 및 실업	1092	4.8%	7.3%
	자녀교육 및 행동	1139	5.0%	7.6%
	가구원의 건강	4734	20.7%	31.7%
	가구원의 알코올	102	0.4%	0.7%
	가족내 폭력	6	0.0%	0.0%
	가구원간 관계	386	1.7%	2.6%
	가구원의 가출	13	0.1%	0.1%
	주거관련 문제	343	1.5%	2.3%
	기타	185	0.8%	1.2%
	자녀의 결혼문제	387	1.7%	2.6%
전체		22914	100.0%	153.5%

a. 범주형 변수 집단

[그림 8-4] 범주형 다중응답 출력결과

[분석결과 해석]

전체 대상자 중 근심거리가 1개라도 있다고 응답한 사람은 14,923명이었고, 총 22,914개의 근심거리를 중복응답으로 제시하였다. 보고서에는 빈도와 비율을 기술하도록 한다.

[보고서 작성]

연구대상자의 근심거리에 관한 중복응답 분석 결과, 총 2개 항목에 대해 22,914개의 근심거리가 있다고 응답하였다. 총 응답자가 14,923명인 것을 감안할 때, 1명의 대상자당 1.5개의 근심이 있음을 알 수 있었다. 연구대상자들

표 8-2 연구대상자의 근심거리(중복응답)

구분	빈도(명)	비율(%)
정신건강	11,883	51.9
경제적 어려움(부채 또는 카드 빚 문제)	2,644	11.5
가구원의 취업 및 실업	1,092	4.8
자녀교육 및 행동	1,139	5.0
가구원의 건강	4,734	20.7
가구원의 알코올	102	0.4
가족 내 폭력	6	0.0
가구원 간 관계	386	1.7
가구원의 가출	13	0.1
주거 관련 문제	343	1.5
기타	185	0.8
자녀의 결혼문제	387	1.7
합계	22,914	100.0

이 근심거리 중 가장 높은 빈도를 차지한 것은 정신건강이 11,883명(51.9%)로 가장 많았고, 다음으로는 가족원의 건강에 관한 근심이 4,734명(20.7%)으로 많은 것으로 나타났다.

주택구입 비용 마련 경로에 관련된 두 개의 문항으로 'home1'과 'home2'의 중복응답 결과를 분석하고 기술하라.

〈연구대상자의 주택구입 비용 마련 경로(중복응답)〉

구분	빈도(명)	비율(%)
자신의 돈		
무상 도움		
부모, 형제, 친척, 친구 등으로부터 빌림		
금융기관 대출		
사채		
합계		

3. 순위형 다중응답 분석

[분석의 기본 가정]

순위형 다중응답 분석은 1순위, 2순위, 3순위와 같이 순위에 따른 응답분석을 보고자할 때 사용하는 분석이다. 코딩은 범주형 다중응답과 같이 동일하게 이뤄지고, 분석은 가중치를 이용한다. SPSS 분석은 빈도분석만을 이용하므로 분석과정은 생략하도록 하겠다.

[분석결과 해석]

실습은 앞서 범주형 '다중응답 분석' 통계사냥에서 실습한 주택구입 비용 마련 변수를 사용하며, 이를 우선순위에 따라 표현해 보면 다음과 같다. 먼저 각 순위에 따라 빈도분석을 각각 실시한다. 1순위부터 5순위까지에 따른 중요도 순으로 가중치를 주어 해석하는데, 이때 가중치 부여 기준은 연구자의 이론적 · 경험적 근거를 바탕으로 설정한다. 여기서는 2순위까지가 있으므로, 1순위에는 200%, 2순위에는 100%의 가중치를 부여하도록 한다. 이를 반영한 보고서 작성 내용은 다음과 같다.

[보고서 작성]

연구대상자의 주택구입 비용 마련을 위한 경로를 확인하고자 우선순위에 따라 다음과 같이 분석하였다. 연구대상자의 주택구입 비용 마련에 1순위 응답을 차지한 것은 '자신의 돈'이었고, 이어 2순위는 금융기관 대출로 나타났다.

표 8-3 연구대상자의 주택 구입 비용 마련 경로(중복응답)

구분	1순위	2순위	전체
자신의 돈	11700 × 200 =2340000	1145 × 100 =114500	2454500
무상 도움	368 × 200 =73600	224 × 100 =22400	96000
부모, 형제, 친척, 친구 등으로부터 빌림	110 × 200 =22000	273 × 100 =27300	49300
금융기관 대출	1204 × 200 =240800	3710 × 100 =371000	611800
사채	2 × 200 =400	3 × 100 =300	700

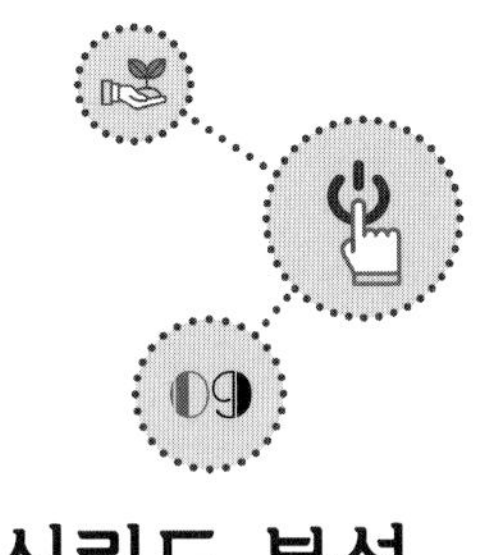

신뢰도 분석

신뢰도(reliability) 분석은 연구대상에 대한 반복측정을 하였을 때, 동일한 값을 얻어낼 수 있는 가능성을 확인하는 것으로서, 하나의 척도 안에 포함된 여러 문항들 간 응답의 일관성을 확인하는 분석이다. 신뢰도 판단은 크론바흐 알파계수(Cronbach α) 값을 사용한다.

[분석의 기본 가정]

- 하나의 척도에 속한 모든 변수를 투입한다. 문항이 여러 개인 척도는 빠짐없이 모든 문항이 선택되었는지 꼼꼼하게 확인한다.
- 신뢰도 계수는 문항의 수가 증가할수록 신뢰도도 증가하는 경향이 있다.
- 문항의 난이도가 지나치게 높거나 문항의 의미 전달이 명확치 않거나 혹은 응답 시간이 충분히 않은 등의 상황은 응답률에 영향을 미쳐 신뢰

도가 낮아질 수 있으므로 대상자에 적합한 척도를 잘 고르는 것도 조사 이전 시점부터 고려되어야 한다.

- 크론바흐 알파계수 값은 0과 1 사이의 값을 갖는데, 1에 가까울수록 신뢰도가 높은 것을 의미한다. 크론바흐 알파계수는 신뢰도 계수라고도 불리는데, 최소한 0.6 이상은 되어야 하고, 0.7 이상은 되어야 신뢰도가 안정적이라고 판단한다.

SPSS 분석과정

SPSS 상단에 메뉴바에 분석(A) → 척도분석(A) → 신뢰도분석(R) → 화살표를 이용하여 해당 변수를 모두 오른쪽 항목(I) 칸에 이동 → 확인 → '출력결과' 창 확인

신뢰도 실습은 건강만족도('a1')부터 삶의 만족도('a8')까지를 하나의 척도라고 여기고 이에 대한 척도의 신뢰도를 구해 보도록 한다.

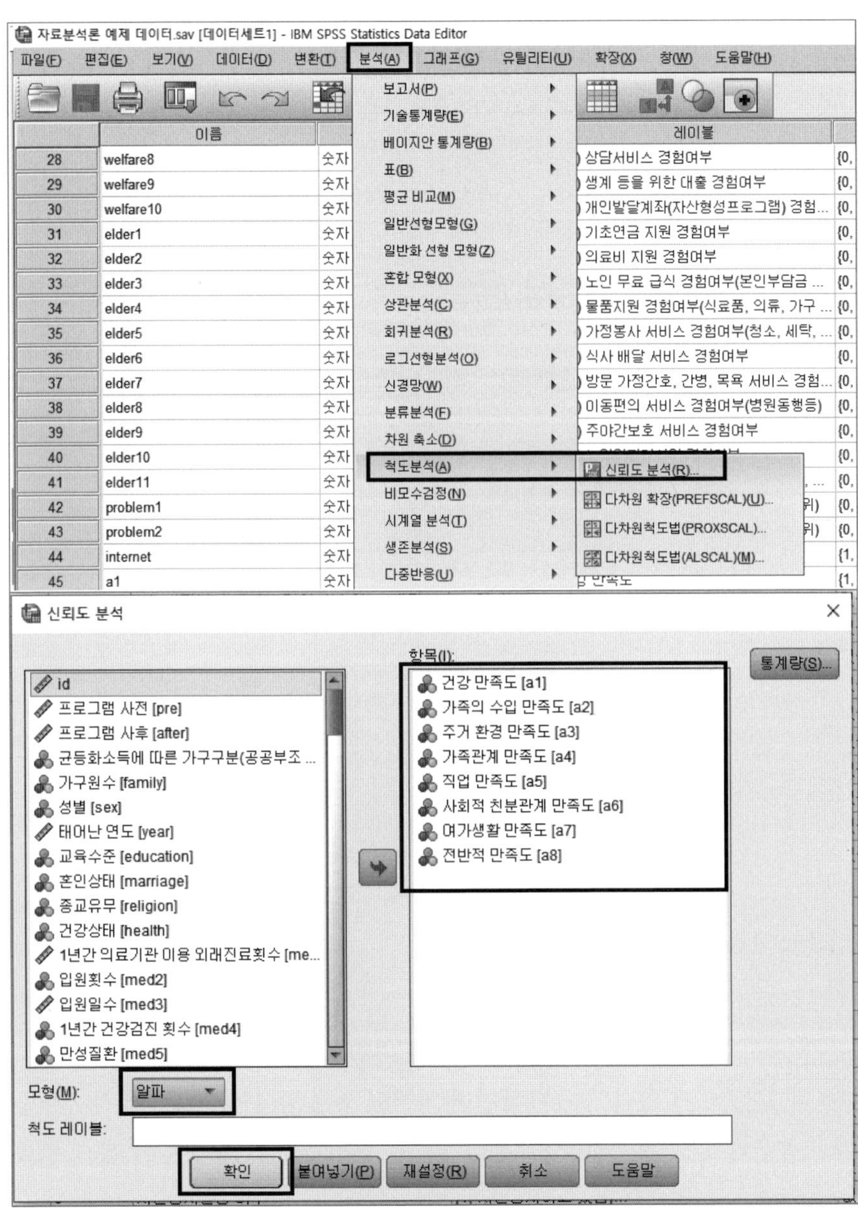

자료분석론 예제 데이터.sav [데이터세트1] - IBM SPSS Statistics Data Editor
파일(F) 편집(E) 보기(V) 데이터(D) 변환(T) 분석(A) 그래프(G) 유틸리티(U) 확장(X) 창(W) 도움말(H)
보고서(P)
기술통계량(E)
베이지안 통계량(B)
표(B)
평균 비교(M)
일반선형모형(G)
일반화 선형 모형(Z)
혼합 모형(X)
상관분석(C)
회귀분석(R)
로그선형분석(O)
신경망(W)
분류분석(F)
차원 축소(D)
척도분석(A)
비모수검정(N)
시계열 분석(T)
생존분석(S)
다중반응(U)
신뢰도 분석(R)...
다차원 확장(PREFSCAL)(U)...
다차원척도법(PROXSCAL)...
다차원척도법(ALSCAL)(M)...
이름
레이블
28 welfare8 숫자 상담서비스 경험여부
29 welfare9 숫자 생계 등을 위한 대출 경험여부
30 welfare10 숫자 개인발달계좌(자산형성프로그램) 경험...
31 elder1 숫자 기초연금 지원 경험여부
32 elder2 숫자 의료비 지원 경험여부
33 elder3 숫자 노인 무료 급식 경험여부(본인부담금 ...
34 elder4 숫자 물품지원 경험여부(식료품, 의류, 가구 ...
35 elder5 숫자 가정봉사 서비스 경험여부(청소, 세탁, ...
36 elder6 숫자 식사 배달 서비스 경험여부
37 elder7 숫자 방문 가정간호, 간병, 목욕 서비스 경험...
38 elder8 숫자 이동편의 서비스 경험여부(병원동행등)
39 elder9 숫자 주야간보호 서비스 경험여부
40 elder10 숫자
41 elder11 숫자
42 problem1 숫자
43 problem2 숫자
44 internet 숫자
45 a1 숫자
신뢰도 분석
항목(I):
통계량(S)...
id
프로그램 사전 [pre]
프로그램 사후 [after]
균등화소득에 따른 가구구분(공공부조 ...
가구원수 [family]
성별 [sex]
태어난 연도 [year]
교육수준 [education]
혼인상태 [marriage]
종교유무 [religion]
건강상태 [health]
1년간 의료기관 이용 외래진료횟수 [me...
입원횟수 [med2]
입원일수 [med3]
1년간 건강검진 횟수 [med4]
만성질환 [med5]
건강 만족도 [a1]
가족의 수입 만족도 [a2]
주거 환경 만족도 [a3]
가족관계 만족도 [a4]
직업 만족도 [a5]
사회적 친분관계 만족도 [a6]
여가생활 만족도 [a7]
전반적 만족도 [a8]
모형(M): 알파
척도 레이블:
확인 붙여넣기(P) 재설정(R) 취소 도움말

[그림 9-1] 신뢰도 분석

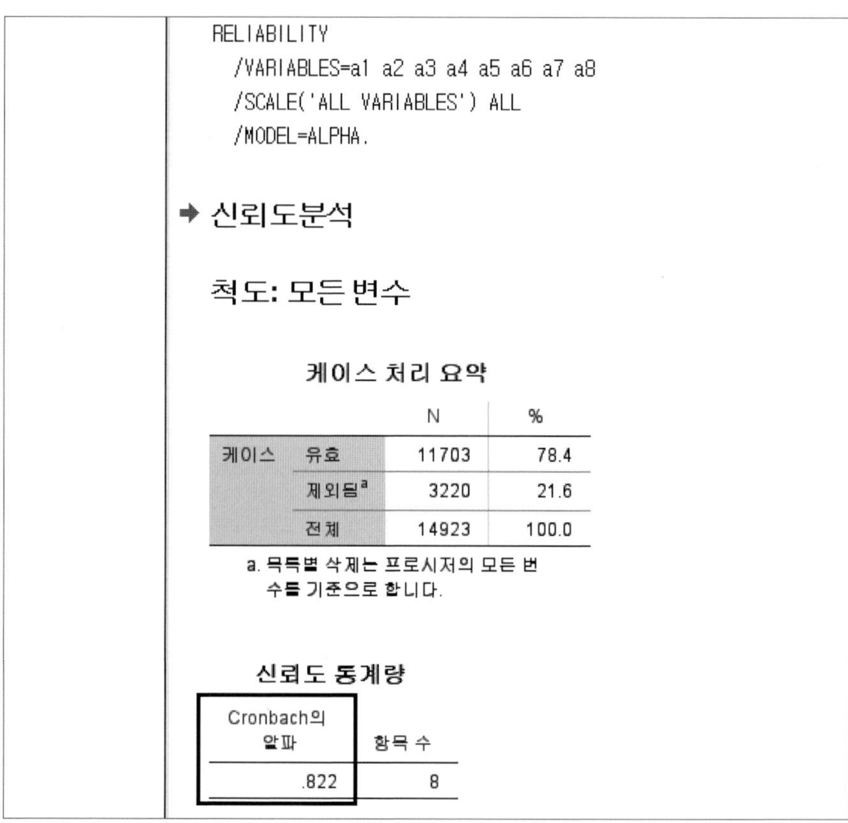

```
RELIABILITY
  /VARIABLES=a1 a2 a3 a4 a5 a6 a7 a8
  /SCALE('ALL VARIABLES') ALL
  /MODEL=ALPHA.
```

➡ 신뢰도분석

척도: 모든 변수

케이스 처리 요약

		N	%
케이스	유효	11703	78.4
	제외됨[a]	3220	21.6
	전체	14923	100.0

a. 목록별 삭제는 프로시저의 모든 변수를 기준으로 합니다.

신뢰도 통계량

Cronbach의 알파	항목 수
.822	8

[그림 9-2] 신뢰도 분석 출력결과

[분석결과 해석]

8개의 문항에 대한 신뢰도 분석 결과는 크론바흐 알파계수의 값을 보고 판단한다. 신뢰도가 있다고 판단하려면 적어도 .6은 넘어야 하고 1에 가까울수록 신뢰도가 높은 것인데, 여기서는 .822로 나왔으므로 이 척도는 높은 신뢰도를 가졌다고 판단할 수 있다.

친절한 TooMuchInformation

만약 신뢰도 계수가 기준 이하로 분석될 경우, 신뢰도 분석에서 통계량(S) 옵션을 눌러, '항목(I), 척도(S), 항목제거 시 척도(A)'를 선택하여 결과를 다시 분석해 보도록 한다. 결과에는 해당 항목이 삭제되는 경우 신뢰도 계수가 산출되는데, 이를 통해 신뢰도 계수 저하에 영향을 미치는 항목을 찾아낼 수 있다. 신뢰도 계수 저하에 영향을 미치는 항목을 제하고 다시 한 번 신뢰도 계수를 산출해 보면 크론바흐 알파값이 크게 상승한다. 단, 항목만 무작정 제외하는 것이 아니라 조사도구 설명에 문항 삭제에 관한 설명이 제시되어야 한다.

[보고서 작성]

※ 만족도 척도는 학자에 의해 개발된 척도가 아니므로 여기서는 보고서에 작성되는 예를 담도록 하겠다.

양육스트레스

양육스트레스 척도는 김기현과 강희경(1997)의 연구에서 개발한 척도를 본 연구의 대상에 맞도록 수정 · 보완하여 사용하였다. 일상적 스트레스와 부모역할부담감의 두 개 하위영역으로 이루어진 척도로서 각 9문항과 10문항을 선택하였으며, 미숙아 가정에 대한 선행연구를 바탕으로 5개의 문항을 추가(미숙아 출생과 관련한 심리적 어려움 관련)하여 총 24개의 문항으로 구성하였다. 각각 점수가 높을수록 양육스트레스가 높음을 의미한다. 이 도구의 신뢰도는 김기현과 강희경(1997)의 연구에서는 .82로 보고되었고, 본 연구에서의 신뢰도는 .95로 높게 나타났다.

출처: 이채원, 김윤화(2013).

이 책에 제시된 여러 척도 중 하나의 척도를 선택하여 신뢰도 분석을 실시하고, 결과를 보고하라.

- 해당 변수:

- 신뢰도 분석 결과:

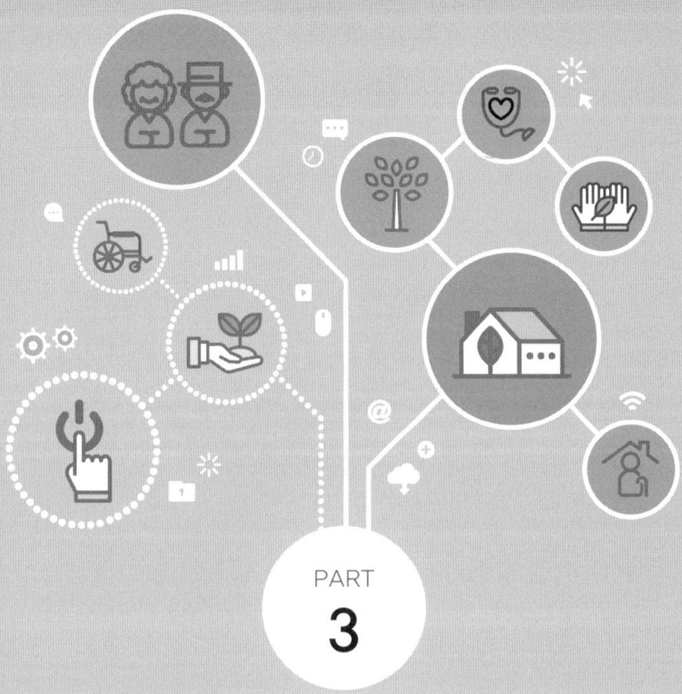

PART

3

집단 간 차이분석

지금까지는 각 변수별로의 기술적인 특성에 대해 분석하였다면, 여기서부터는 집단 간 차이분석으로 두 변수 간의 통계적 차이를 분석하고자 한다. 변수들이 가진 속성에 따라 그리고 그 변수들 간 어떤 조합이 되느냐에 따라 분석의 기법이 달라지므로 먼저 변수의 속성을 분명하게 파악하는 것이 필요하다.

Part 3에서는 본격적인 양적통계분석으로 집단 간 차이를 분석하는 카이제곱 검정, 독립표본 t-검정, 대응표본 t-검정, 일원분산분석을 중심으로 살펴보고자 한다.

χ^2 검정

성별에 따라 선호하는 우유 종류가 다를까? 아이돌 콘서트 티켓팅 성공여부는 pc방에서 하느냐 집에서 하느냐에 따라 다를까? 이처럼 비연속적인 집단 대 비연속적인 집단 간의 관계, 즉 집단 간 차이를 통계적으로 검증하는 분석이 바로 χ^2(Chi-square, 카이제곱) 검정이다.

χ^2 검정은 카이제곱, 교차분석으로도 불리며, 비연속된 집단 간의 통계적 차이를 검증하는 통계 분석기법이다. 따라서 두 변수는 비연속변수(불연속) 대 비연속변수(불연속)인 경우 사용할 수 있다.

[분석의 기본 가정]

- 독립변수와 종속변수 모두 비연속(불연속)변수를 사용한다.

– 명목변수 대 명목변수
– 명목변수 대 서열변수
– 서열변수 대 명목변수
– 서열변수 대 서열변수

- 어느 한 집단의 값이 5미만인 경우 그 변수는 그대로 사용할 수 없다. 만약 그러한 집단이 있다면, 한 집단이 적어도 5 이상이 되도록 변수 변환 후 재분석해야 한다.
- 독립변수와 종속변수의 순서가 뒤바뀌어도 분석이나 해석에는 지장이 없다.

SPSS 분석과정

SPSS 상단에 메뉴바에 분석(A) → 기술통계량(E) → 교차분석(C) → 왼쪽의 변수들 중 독립변수를 '열'에 이동, 종속변수를 '행'으로 변수를 이동 → 통계량(S) → 카이제곱(H)을 체크/계속 → 셀(E) →퍼센트 영역에 '열'을 체크/ 계속 → 확인 → '출력결과' 창 확인

카이제곱 검정은 행과 열의 순서가 바뀌어도 결과가 동일하고, 해당 셀의 빈도에 따른 비율은 필요에 따라 '열'과 '행'을 모두 체크하기도 한다. 카이제곱 검정 실습은 성별('sex')에 따른 건강상태('health')의 집단 간 차이가 존재하는지를 분석한다.

[그림 10-1] χ^2 검정(계속)

[그림 10-1] χ^2 검정

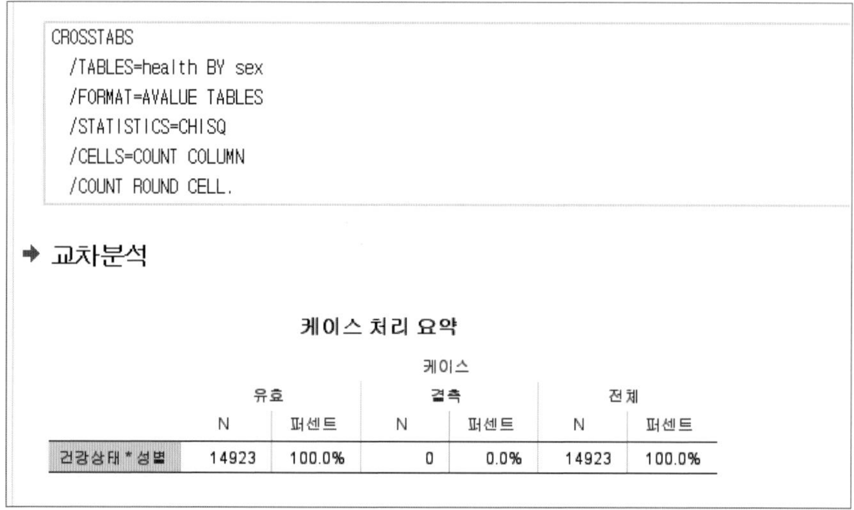

```
CROSSTABS
  /TABLES=health BY sex
  /FORMAT=AVALUE TABLES
  /STATISTICS=CHISQ
  /CELLS=COUNT COLUMN
  /COUNT ROUND CELL.
```

➡ 교차분석

케이스 처리 요약

	케이스					
	유효		결측		전체	
	N	퍼센트	N	퍼센트	N	퍼센트
건강상태 * 성별	14923	100.0%	0	0.0%	14923	100.0%

[그림 10-2] χ^2 검정 출력결과(계속)

건강상태 * 성별 교차표

			성별		
			남자	여자	전체
건강상태	아주건강하다	빈도	932	773	1705
		성별 중 %	13.8%	9.5%	11.4%
	건강한편이다	빈도	3849	4123	7972
		성별 중 %	57.0%	50.4%	53.4%
	보통이다	빈도	1086	1626	2712
		성별 중 %	16.1%	19.9%	18.2%
	건강하지않은편이다	빈도	784	1536	2320
		성별 중 %	11.6%	18.8%	15.5%
	건강이아주안좋다	빈도	98	116	214
		성별 중 %	1.5%	1.4%	1.4%
전체		빈도	6749	8174	14923
		성별 중 %	100.0%	100.0%	100.0%

카이제곱 검정

	값	자유도	근사 유의확률 (양측검정)
Pearson 카이제곱	243.177[a]	4	.000
우도비	245.958	4	.000
선형 대 선형결합	213.444	1	.000
유효 케이스 수	14923		

a. 0 셀 (0.0%)은(는) 5보다 작은 기대 빈도를 가지는 셀입니다. 최소 기대빈도는 96.78입니다.

[그림 10-2] χ^2 검정 출력결과

[분석결과 해석]

유의확률 판단기준

*p<.05, **p<.01, ***p<.001

카이제곱 검정부터는 유의확률 p값의 통계치를 보고 통계적으로 유의한지 아닌지를 연구자가 직접 판단해야 한다. 따라서 각 분석에 따른 통계값의 유의확률의 기준을 알고 있어야 한다. 통상적으로 95%의 신뢰수준을 따르는 사회과학에서는 유의확률값이 .05 미만일 경우 '통계적으로 유의하다.'라고 판단하게 된다. 이를 세 가지 기준에 따라 더욱 세부적으로 판단하고자 한다면, 유의확률 p값이 .5 미만인 경우는 95%의 신뢰수준, 유의확률 p값이 .01 미만인 경우는 99%의 신뢰수준, 유의확률 p값이 .001 미만인 경우는 99.9%의 신뢰수준을 따른다고 본다. 신뢰수준이 높아지면 그만큼 해당 연구의 결과가 실제의 현상을 반영할 가능성을 높인다고 볼 수 있다. 한편, 유의확률 p값이 .05 이상으로 나온 경우, 95%의 신뢰수준을 따르는 기준에서는 '두 집단 간의 차이가 통계적으로 유의하지 않다.'라고 제시한다. 이 기준은 이하 모든 분석에서 동일하게 적용된다.

카이제곱 검정에서는 어느 한쪽의 셀의 기대빈도가 5 미만이면 그 통계량은 신뢰할 수 없게 된다. 따라서 어느 한쪽 집단에 작은 값이 없는지 결과표를 먼저 살펴보아야 하며, 해당 집단이 있다면 변수 변환을 통해 조정한 뒤 재분석해야 한다.

카이제곱 검정의 각 집단별로의 통계적인 차이 여부는 Pearson 카이제곱의 근사 유의확률을 보고 판단하며, 그 제시된 수치에 따라 통계적인 유의도를 파악한다. 여기서는 근사유의확률이 .000이므로 성별에 따른 건강상태는 통계적으로 유의한 차이가 있는 것으로 분석된다. 이 분석은 성별을 기준으로 하여 '열'에만 %를 제시하였는데, 연구자의 의도에 따라 열과 횡 모두 %를 제시할 수도 있다. 통계치를 제시하는 결과는 두 가지 방식으로 제시할 수 있는데, 이는 전공 학문의 선호도 및 연구자의 의도에 따라 선택하여 사용하면 된다. 여기에서는 두 가지 방식을 다 제시하지만, 실제 보고서에는 이 두 가지 중 하나를 선택하여 제시하도록 한다.

집단 간의 차이가 통계적으로 유의하지 않다면, 즉 근사 유의확률값이 .05 이상일 경우는 집단 간 차이 없이 유사하다는 것을 의미하므로 "○○에 따른 △△의 집단 간 차이는 통계적으로 유의하지 않았다."라고 하고 마치도록 한다.

[보고서 작성]

1 성별에 따른 건강상태를 조사한 결과, 남자, 여자 모두 건강한 편이 가장 많았다. 그러나 남자에 비해 여자가 건강이 좋지 않은 편의 비율이 더 높은 것으로 분석되었고, 이러한 결과는 통계적으로 유의하여 성별에 따른 건강상태는 집단 간 차이가 있는 것으로 분석되었다 (χ^2=243.177, p<.001).

표 10-1 성별에 따른 건강상태

		성별		χ^2
		남자(n=6,749)	여자(n=8,174)	
		빈도(%)	빈도(%)	
건강 상태	아주 건강하다	932(13.8)	773(9.5)	243.177***
	건강한 편이다	3,849(57.0)	4,123(50.4)	
	보통이다	1,086(16.1)	1,626(19.9)	
	건강하지 않은 편이다	784(11.6)	1,536(18.8)	
	건강이 아주 안 좋다	98(1.5)	116(1.4)	
	합계	6,749(100.0)	8,174(100.0)	

***p<.001

2 성별에 따른 건강상태를 조사한 결과, 남자, 여자 모두 건강한 편이 가장 많았다. 그러나 남자에 비해 여자가 건강이 좋지 않은 편의 비율이 더 높은 것으로 분석되었고, 이러한 결과는 통계적으로 유의하여 성별에 따른 건강상태는 집단 간 차이가 있는 것으로 분석되었다 (χ^2=243.177, p=.000).

표 10-2 성별에 따른 건강상태

		성별		$\chi^2(p)$
		남자(n=6,749)	여자(n=8,174)	
		빈도(%)	빈도(%)	
건강상태	아주 건강하다	932(13.8)	773(9.5)	χ^2=243.177 p=.000
	건강한 편이다	3,849(57.0)	4,123(50.4)	
	보통이다	1,086(16.1)	1,626(19.9)	
	건강하지 않은 편이다	784(11.6)	1,536(18.8)	
	건강이 아주 안 좋다	98(1.5)	116(1.4)	
	합계	6,749(100.0)	8,174(100.0)	

1. 집단 간 차이가 통계적으로 유의한 경우의 카이제곱 모형을 찾아보고, 이를 결과로 제시하라.

				χ^2
		빈도(%)	빈도(%)	
	합계			

2. 집단 간 차이가 통계적으로 유의하지 않은 경우의 카이제곱 모형을 찾아보고, 이를 결과로 제시하라.

				χ^2
		빈도(%)	빈도(%)	
	합계			

t-검정

짜장을 좋아하는 사람과 짬뽕을 좋아하는 사람 간에는 어떤 특성의 차이가 있을까? 만약 지난 한 달간의 음주량(연속변수)을 놓고 본다면, 짜장을 좋아하는 사람의 음주량이 더 많을까, 짬뽕을 좋아하는 사람의 음주량이 더 많을까? 아니면 차이 없이 유사할까?

또 다른 예로, 운동을 하기 전과 하고 난 후의 우울감의 정도는 차이가 있을까? 아니면 운동하기 전이나 운동 후나 우울정도는 차이가 없을까?

이처럼 집단 간의 어떠한 특성(종속변수)의 차이를 알고자 하는 분석이 바로 *t*-검정(*t*-test)이다. *t*-검정은 분석에 따라 두 가지로 나뉠 수 있는데, 전자의 질문은 두 집단 간의 차이를 통계적으로 검증하는 것으로 독립표본 *t*-검정이라 한다. 후자의 질문은 사전 사후의 변화 차이를 통계적으로 검증하는 것으로 대응표본 *t*-검정이라 한다.

이에 대해 각각 구분하여 보다 자세하게 살펴보면 다음과 같다.

1. 독립표본 *t*-검정

독립표본 *t*-검정(independent samples *t*-test)은 두 집단 간의 종속변수의 평균의 차이가 통계적으로 유의한지를 검증하는 분석으로, 독립변수는 비연속변수(불연속) 형태의 두 집단이어야 하며, 종속변수는 연속변수인 경우 사용할 수 있는 검증방법이다.

[분석의 기본 가정]

- 독립변수는 비연속(불연속)으로 반드시 두 집단만 가능하다.
- 각 집단은 수는 최소 30 이상 되어야 한다.
- 종속변수는 등간척도 이상의 연속변수여야 한다. 단, 사회과학에서는 필요에 따라 서열변수도 종속변수로 쓸 경우 허용하기도 한다.

친절한 TooMuchInformation

두 집단의 수의 비는 적절한 비율 배분이 가장 이상적이나, 8:2나 9:1과 같이 한쪽 집단이 너무 크거나 작은 경우는 분석에 어려움이 있다. 이러한 경우, 작은 집단의 표집을 더 늘리거나, 많은 집단의 연구대상자 중 적절한 비율이 되는 숫자에 맞게 무작위 선정으로 케이스를 제거한 후 분석하는 것이 바람직하다.

SPSS 분석과정

SPSS 상단에 메뉴바에 분석(A) → 평균비교(M) → 독립표본 T검정(T) → 집단변수(G)에 독립변수의 두 집단 이동하여 코딩한 각각의 값을 집단정의(D)에 기입 → 검정변수(T) 종속변수 이동 → 확인 → '출력결과' 창 확인

집단변수(G)에 집단정의(D)의 숫자는 코딩된 수를 확인하고 그 값을 입력한다. 다음의 예제는 성별('sex')에 따른 우울의 차이를 알고자 분석한 독립표본 *t*-검정의 예이다.

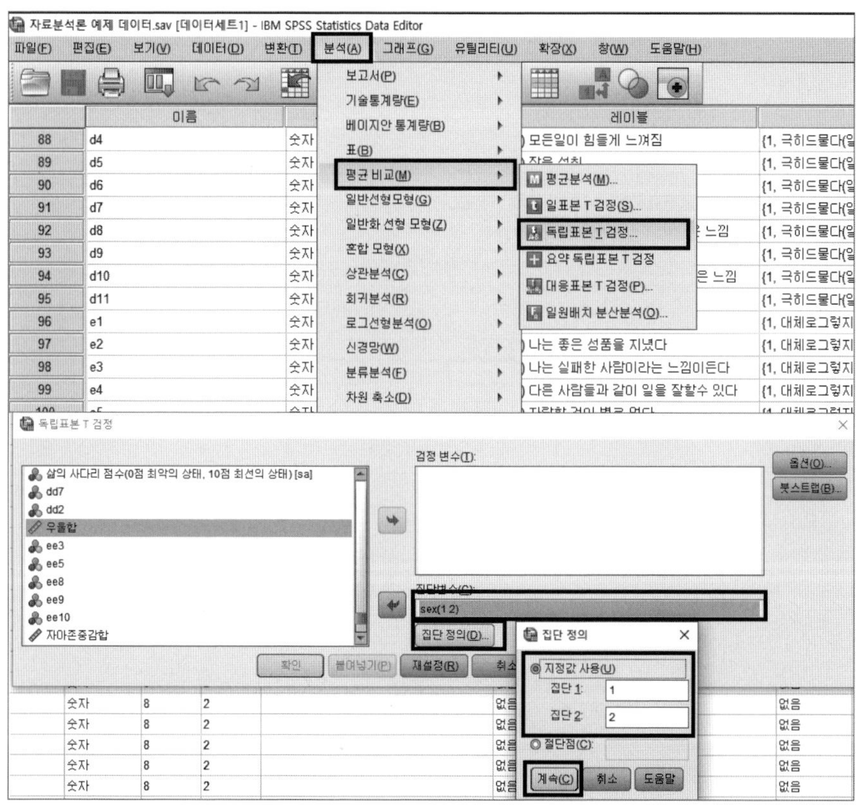

[그림 11-1] 독립표본 *t*-검정(계속)

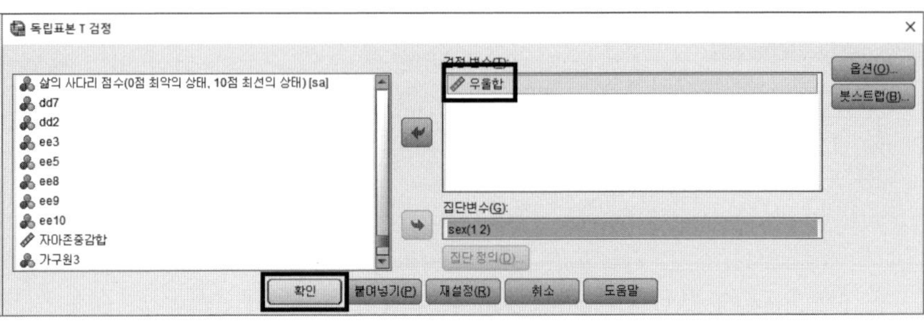

[그림 11-1] 독립표본 *t*-검정

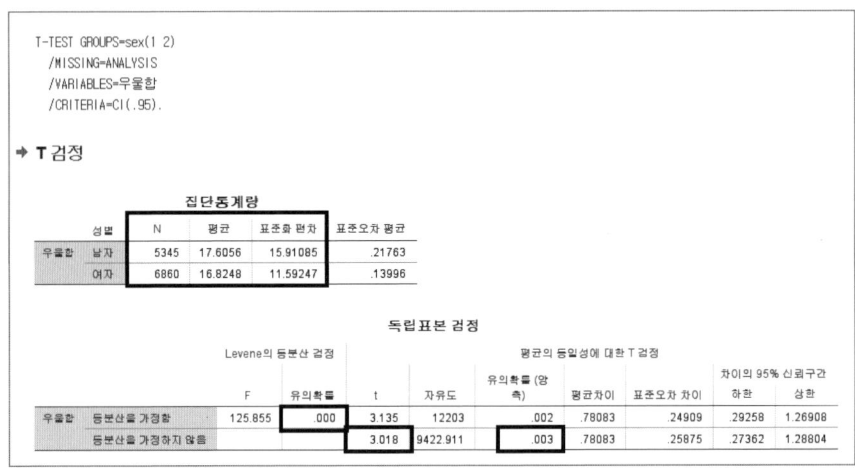

```
T-TEST GROUPS=sex(1 2)
  /MISSING=ANALYSIS
  /VARIABLES=우울합
  /CRITERIA=CI(.95).
```

T 검정

집단통계량

	성별	N	평균	표준화 편차	표준오차 평균
우울합	남자	5345	17.6056	15.91085	.21763
	여자	6860	16.8248	11.59247	.13996

독립표본 검정

		Levene의 등분산 검정		평균의 동일성에 대한 T 검정						
									차이의 95% 신뢰구간	
		F	유의확률	t	자유도	유의확률 (양측)	평균차이	표준오차 차이	하한	상한
우울합	등분산을 가정함	125.855	.000	3.135	12203	.002	.78083	.24909	.29258	1.26908
	등분산을 가정하지 않음			3.018	9422.911	.003	.78083	.25875	.27362	1.28804

[그림 11-2] 독립표본 *t*-검정 출력결과

[분석결과 해석]

유의확률 판단기준

$^{*}p<.05$, $^{**}p<.01$, $^{***}p<.001$

두 집단의 분산이 동질한가 그렇지 않은가에 따라 결과값을 달리 선택하게 된다. 이 선택을 위해서는 Levene의 등분산 검정을 먼저 살펴봐야 한다. Levene의 등분산 검정의 유의확률이 .05보다 크면 등분산이 가정된 것이고, 미만이면 등분산이 가정되지 않은 것이라 판단한다.

- Levene의 등분산 검정의 유의확률이 .05보다 높을 경우(등분산이 가정됨): 윗줄의 유의확률을 확인하여 독립변수에 따른 종속변수의 평균 차이의 통계적인 유의성 여부를 판단하고 윗줄의 *t*값을 제시한다.

- Levene의 등분산 검정의 유의확률이 .05보다 낮을 경우(등분산이 가정되지 않음): 아랫줄의 유의확률을 확인하여 독립변수에 따른 종속변수의 평균 차이의 통계적인 유의성 여부를 판단하고 아랫줄의 *t*값을 제시한다.

이 예제에서 실습한 독립표본 *t*-검정의 결과와 해석의 예는 다음과 같다. 평균 및 표준편차는 소수점 둘째자리까지만 제시하였다. Levene의 등분산 검정의 유의확률이 .000으로 .05보다 작으므로 등분산이 가정되지 않아 아랫줄의 *t*값과 유의확률을 선택한다. 유의확률이 .003으로 .05보다 작으므로 남녀 간 우울정도는 통계적으로 차이가 있다고 보고한다.

만약 집단 간 차이가 통계적으로 유의하지 않았다면? 유의확률 *p*값이 .05 이상으로 나온 경우, 95%의 신뢰수준을 따르는 기준에서는 '두 집단 간의 종속변수의 평균 차이가 통계적으로 유의하지 않다.'라고 제시한다. 즉, 두 집단의 종속변수는 큰 차이가 없이 유사하다는 것을 의미한다.

보고서 작성 형식은 앞서 카이제곱 검정처럼 *p*값을 통계량과 함께 그대로 제시하는 방법과 ***를 이용하여 연구자가 직접 판단한 유의수준을 담는 방법이 있는데, 어느 방법이어도 관계 없으므로, 여러분이 제시하고자 하는 방식대로 일관되게만 제시하면 된다.

집단 간의 차이가 통계적으로 유의하지 않다면, 즉 유의확률 값이 .05 이상일 경우는 집단 간 차이 없이 유사하다는 것을 의미하므로 "○○에 따른 △△의 집단 간 차이는 통계적으로 유의하지 않았다. 즉, 두 집단의 종속변수는 유사한 양상을 보임을 알 수 있다."라고 하고 마치도록 한다.

[보고서 작성]

우울은 남자가 17.61점(15.91), 여자가 16.82점(11.59)으로 여자보다 남자의 우울정도가 더 높은 것으로 나타났다. 즉, 성별에 따른 우울의 집단 간 차이는 통계적으로 유의한 것으로 분석되었다(t=3.018, p<.01). 이를 통해 남성들의 우울감을 보다 적극적으로 모니터링할 수 있는 시스템을 마련하고, 우울한 남성들을 위한 상담 및 집단상담 프로그램이 적극 이루어질 수 있는 인프라의 마련이 필요함을 제안할 수 있다.

표 11-1 성별에 따른 우울정도

구분	남자(n=5,345)		여자(n=6,860)		t
	평균	표준편차	평균	표준편차	
우울	17.61	(15.91)	16.82	(11.59)	3.018**

**p<.01

1. 집단 간 차이가 통계적으로 유의한 경우의 t-검정 모형을 찾아보고, 이를 결과로 제시하라.

구분					t
	평균	표준편차	평균	표준편차	
		(　　)		(　　)	

2. 집단 간 차이가 통계적으로 유의하지 않은 경우의 t-검정 모형을 찾아보고, 이를 결과로 제시하라.

구분					t
	평균	표준편차	평균	표준편차	
		(　　)		(　　)	

2. 대응표본 t-검정

예를 들어, 예랑복지관에서는 다문화 가족을 대상으로 실시한 가족역량강화 프로그램이 가족구성원 간의 유대감 강화나 역량강화에 얼마나 효과적이었는지를 확인하고자 한다. 그런데 단순한 사전-사후 점수의 증감이 아닌 통계적으로 유의할 만큼 효과적이었는지에 대해 보다 확신을 가지고자 한다면 대응표본 t-검정(paired groups t-test)을 이용할 수 있다. 대응표본 t-검정은 사회복지현장에서 프로그램의 효과성 검증에 유용하게 사용될 수 있는 분석이다.

대응표본 t-검정은 집단의 사전-사후의 평균값의 차이가 통계적으로 유의한지를 검증하는 분석으로, 동일한 연구대상자를 상대로 반복 측정을 통해 얻은 평균 측정치 간 차이가 통계적으로 유의한지를 보는 통계적 분석이다. 즉, 집단 프로그램의 사전 점수와 사후 점수나, 개입 전 점수와 개입 후 점수를 이용하여 프로그램이나 개입이 효과가 있었는지를 증명하고자 할 때 사용한다.

[분석의 기본 가정]

- 대응표본 t-검정은 사전-사후 변수가 모두 연속변수인 경우 사용할 수 있으나, 사회과학에서는 서열변수도 필요에 따라 허용된다.
- 사전과 사후 측정치는 모두 30개 이상이어야 한다.

SPSS 분석과정

SPSS 상단에 메뉴바에 분석(A) → 평균비교(M) → 대응표본 T검정(P) → 대응변수(V)에 개입 전 점수를 변수 1에, 개입 후 점수를 변수 2에 이동 → 확인 → '출력결과' 창 확인

※ 순서를 바꾸어도 분석에는 지장 없으나 부등호가 바뀌므로 해석에 유의

대응표본 *t*-검정의 실습 예제는 가족역량강화 프로그램의 효과성을 검증하기 위해 가족역량의 사전 점수('pre')와 사후 점수('after')의 통계적인 차이를 분석한 것이다.

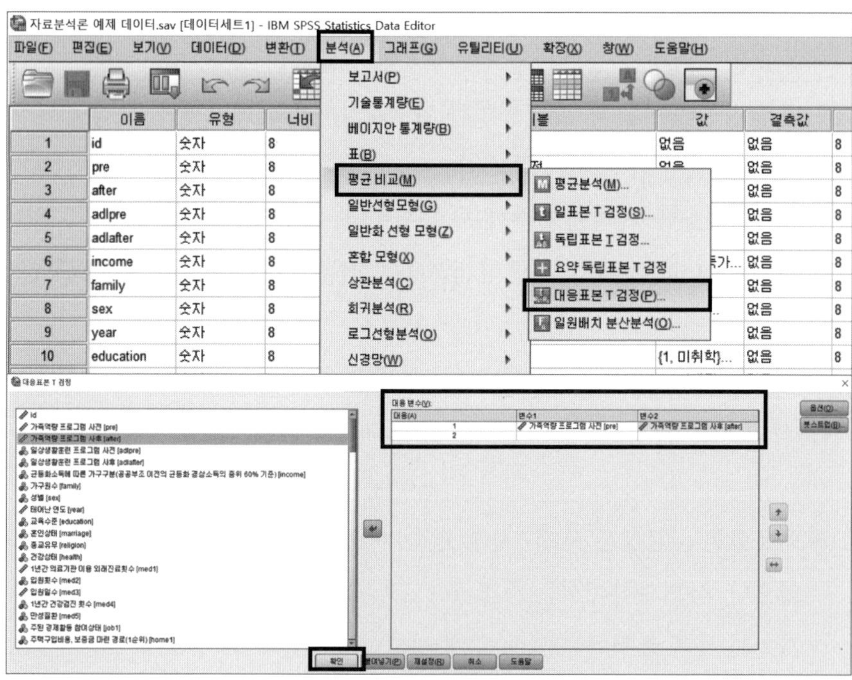

[그림 11-3] 대응표본 *t*-검정

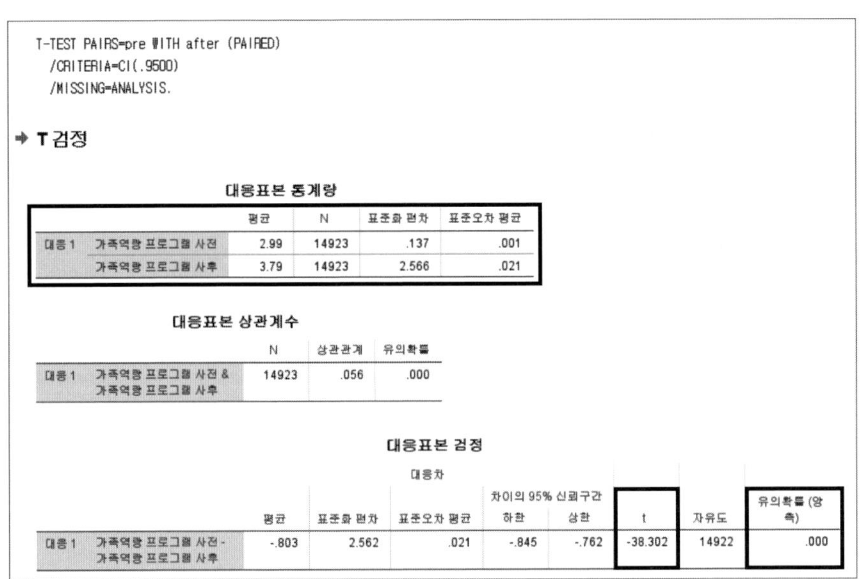

```
T-TEST PAIRS=pre WITH after (PAIRED)
  /CRITERIA=CI(.9500)
  /MISSING=ANALYSIS.
```

➡ T검정

대응표본 통계량

		평균	N	표준화 편차	표준오차 평균
대응 1	가족역량 프로그램 사전	2.99	14923	.137	.001
	가족역량 프로그램 사후	3.79	14923	2.566	.021

대응표본 상관계수

		N	상관관계	유의확률
대응 1	가족역량 프로그램 사전 & 가족역량 프로그램 사후	14923	.056	.000

대응표본 검정

		대응차					t	자유도	유의확률 (양측)
		평균	표준화 편차	표준오차 평균	차이의 95% 신뢰구간 하한	차이의 95% 신뢰구간 상한			
대응 1	가족역량 프로그램 사전 - 가족역량 프로그램 사후	-.803	2.562	.021	-.845	-.762	-38.302	14922	.000

[그림 11-4] 대응표본 *t*-검정 출력결과

[분석결과 해석]

유의확률 판단기준

$^{*}p<.05$, $^{**}p<.01$, $^{***}p<.001$

프로그램의 사전-사후 점수의 평균 및 표준편차는 소수점 둘째자리까지만 제시하였다. 가족역량 프로그램의 사전 점수는 2.99점이고 사후 점수는 3.79로 평균 0.8점의 상승이 있었다. 이러한 상승 점수는 통계적으로 유의할 만큼 효과가 있다고 확신할 수 있을까에 대한 답을 구해 보고자 한다. 대응표본 *t*-검정의 유의확률 *p*값이 .000으로 사전에서 사후 점수로의 상승의 변화는 통계적으로 유의한 것으로 분석되었다. 즉, 예랑복지관에서 가족을 대상으로 실시한 가족역량강화 프로그램은 효과가 있었음이 증명되었다.

만약 사전 사후-변화에 대한 통계치가 유의하지 않았다면? 대응표본 *t*-검정의 유의확률 *p*값이 .05 이상으로 나온 경우, 95%의 신뢰수준을 따르는 기준에서는 '사전-사후의 변화가 없어 개입 프로그램의 효과는 검증되지 않았다.'라고 제시한다. 보고서에 제시할 때에는, '○○프로그램의 사전-사후 효과성 검증 결과, 통계적으로 유의하지 않았다. 즉, ○○ 프로그램은 참여대상자의 문제 해결에 효과적이지 않은 것으로 나타났다. 따라서 참여대상자들의 ○○ 문제 해결을 위해서는 향후 다른 개입의 시도가 필요할 것으로 사료된다.'라고 적는다.

[보고서 작성]

예랑복지관에서 지난 5년간 실시한 가족역량강화 프로그램 효과성 분석 결과, 가족역량의 사전 평균점수는 2.99점(표준편차: .14), 사후 평균점수는 3.79점(표준편차: 2.57)으로 사전에 비해 사후의 가족역량 점수가 더 높았다. 프로그램 개입을 통해 가족역량 점수가 사전에 비해 사후가 증가된 것이 통계적으로 유의한 차이가 있는 것으로 나타났다(t=−38.302, p < .001). 즉, 가족역량강화를 위한 가족단위의 개입 프로그램은 가족의 역량강화 증진에 효과적이었음이 밝혀졌다. 따라서 향후 역량강화가 필요한 가족에게 이 프로그램의 적용이 보다 많은 기관에서 운영될 수 있도록 홍보 강화에 힘써야 할 것이다.

표 11-2 가족역량 개입 효과성 검정

가족역량 사전점수(n=14,923)		가족역량 사후점수(n=14,923)		t
평균	표준편차	평균	표준편차	
2.99	(.14)	3.79	(.2.57)	−38.302***

***p < .001

일상생활훈련의 효과성을 검증하고자, 일상생활훈련 사전점수('adlpre')와 일상생활훈련 사후점수('adlafter')를 이용하여 대응표본 t-검정을 실시하고, 결과를 다음과 같이 보고하라.

■ 대응표본 t-검정 결과

〈일상생활훈련 개입 효과성 검정〉

일상생활훈련 사전점수(n=14,923)		일상생활훈련 사후점수 (n=14,923)		t
평균	표준편차	평균	표준편차	
	( )		( )	

일원분산분석

오늘 야식은 무엇으로 먹을까? 치킨을 좋아하는 사람, 족발을 좋아하는 사람, 피자를 좋아하는 사람, 곱창을 좋아하는 사람들 간에는 집단 간 어떤 특성의 차이가 있을까?

출처: http://pixabay.com

일원분산분석(oneway ANOVA)은 세 집단 이상의 집단에서 종속변수의 평균의 차이가 통계적으로 유의한지를 검증하는 분석으로, 독립변수는 비연속변수(불연속) 형태의 세 집단 이상이고, 종속변수는 연속변수인 경우 사용할 수 있는 검증방법이다. 일원분산분석은 독립표본 *t*-검정의 확장판으로 3개 이상의 집단에서 두 집단씩의 집단 간 차이를 여러 번 한 것을 한 번에 수행하는 분석이다. 다집단을 여러 번 분석하는 데 따른 오차 발생이나 번거로움을 한 번에 해결할 수 있는 고마운 분석방법이다.

[분석의 기본 가정]

- 독립변수는 비연속(불연속)으로 반드시 세 집단 이상인 변수가 가능하다.
- 한 집단의 크기는 적어도 30 이상 되도록 한다. 만약 집단의 수가 많아 어느 한 집단이 30 이하가 될 경우, 보다 상위범주로 집단을 재구성할 수 있는지 살펴본 후 분석을 실시한다.
- 종속변수는 등간척도 이상의 연속변수여야 한다.
- 모형분석 결과(*F*값의 유의확률)가 통계적으로 유의하면 사후분석을 실시한다.

SPSS 분석과정

SSPSS 상단에 메뉴바에 분석(A) → 평균비교(M) → 일원배치분산분석(O) → 요인(F)에 세 집단 이상의 독립변수 이동 → 종속변수(E) 이동 → 사후분석(H) Scheffe 체크 → 옵션(O) → 기술통계(D) 체크/ 계속 → 확인 → '출력결과' 창 확인

일원분산분석은 독립표본 *t*-검정과는 달리 세 집단 이상이므로 집단 간 차이가 있을 경우, 집단 간 차이를 보다 정교하게 확인하기 위해 사후분석(post hoc multiple comparison)을 실시한다. 사후분석은 집단 간 차이가 통계적으

로 유의할 경우에만 살펴보는 분석으로, 만약 집단 간 통계적인 차이가 없다면 사후분석은 의미가 없다. 사후분석에는 기능에 따라 여러 가지 종류의 사후분석이 있는데, 이 중 보수적으로 가장 많이 활용되는 Scheffe, Tukey, Duncan이 널리 사용되고 있다. 여기서는 가장 많은 빈도로 활용되고 있는 Scheffe를 사용한다.

사후분석 해석은 '다중비교'에서 평균차(I−J)가 유의한 것만 해석하는 방법과 '동일집단군'에서 1번 영역에 있느냐 또는 2번 영역에 있느냐에 따라 같은 영역에 있는 것끼리는 동일집단이고 그렇지 않으면 다른 집단이라고 해석하는 방법이 있다. 두 방법 모두 사용 가능하나, 여기서는 전자인 다중비교 방식으로 제시하고자 한다.

친절한 TooMuchInformation

집단 간 차이는 F값과 그에 따른 유의확률로 유의함을 확인하였고, 보다 선명한 집단 간 차이를 보기 위해 사후분석으로 Scheffe를 선택하여 살펴보았더니 세부적으로는 집단 간 차이가 있는 것이 없었다. 이는 Scheffe가 보수적인 사후분석이어서 그러한 것인데, 최소유의차(Least Square Difference: LSD)를 선택해서 보자. LSD는 비보수적이어서 약간의 집단 간 차이가 있어도 유의함을 제시해 준다. 이렇듯 사후분석의 여러 종류들은 각기 가지는 보수성과 세밀함 정도가 다르기에 연구의 목적에 따라 달리 사용할 수 있다.

일원분산분석의 실습은 가족관계 만족도('a4')에 따른 우울 정도의 차이에 대해 분석하는 것으로 해 보자. 우울 정도는 역문항 처리를 거친 뒤, 변수 계산을 이용하여 11개의 문항을 합산한 척도이다.

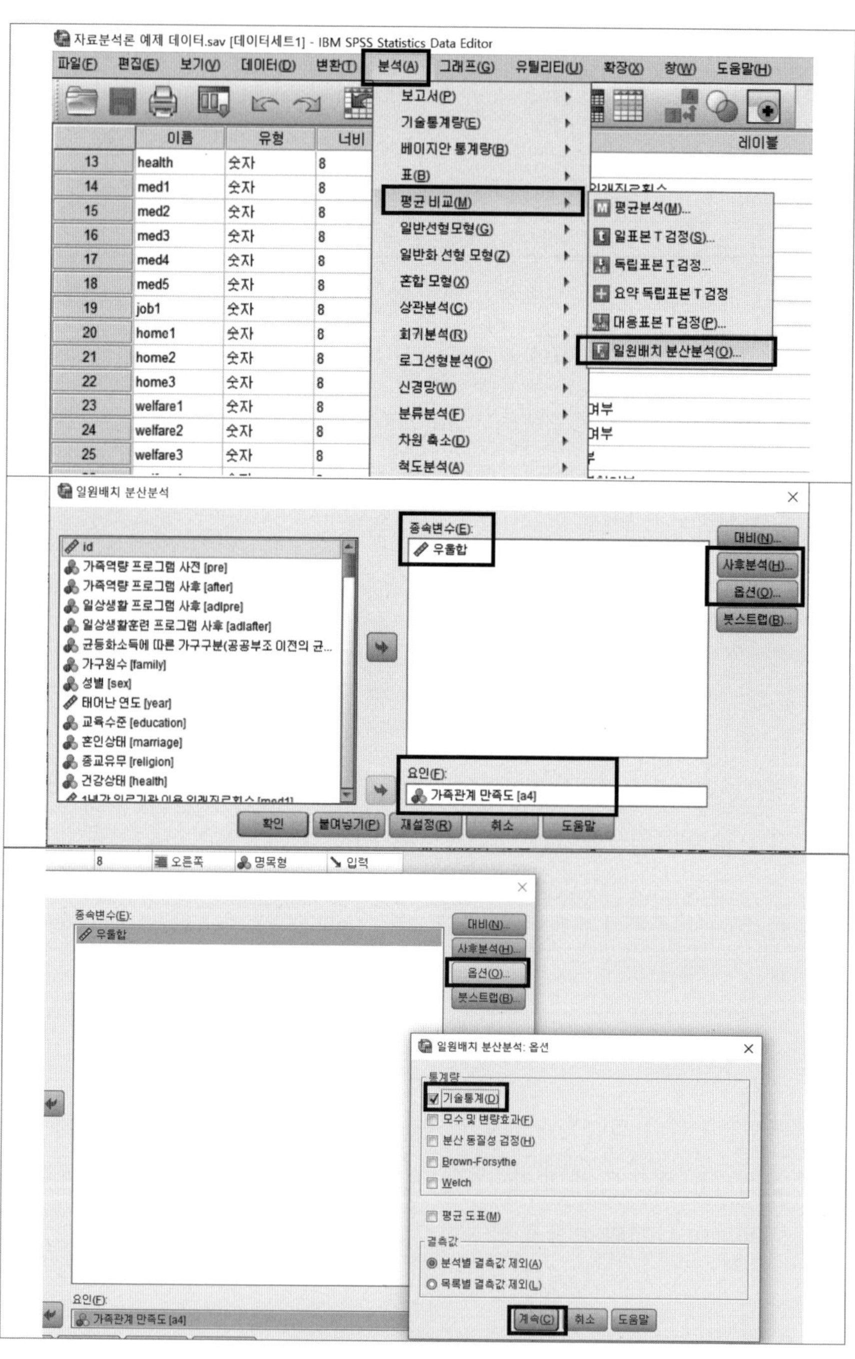

[그림 12-1] 일원분산분석(계속)

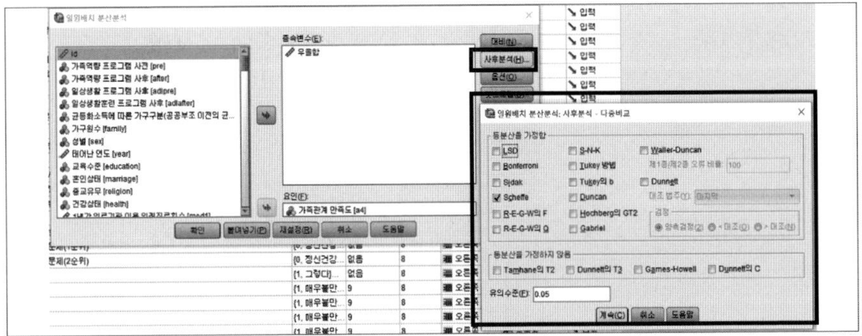

[그림 12-1] 일원분산분석

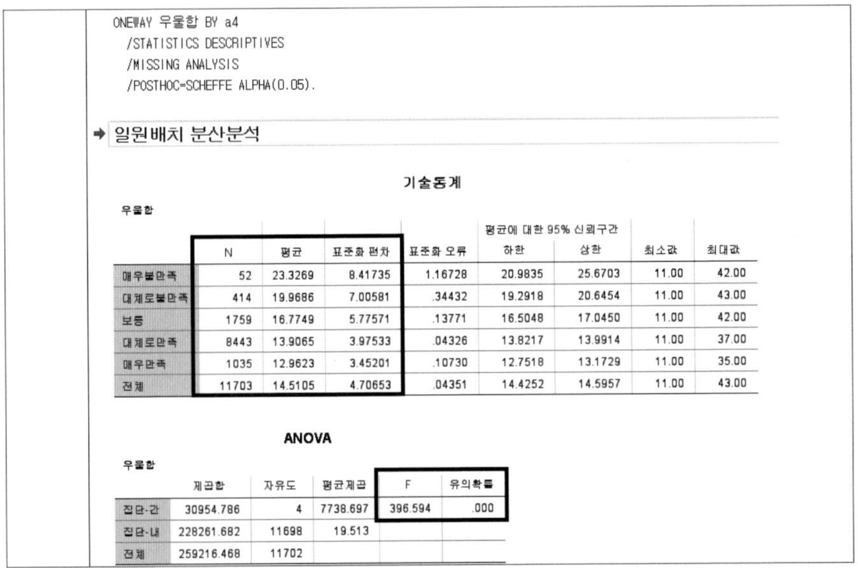

```
ONEWAY 우울합 BY a4
  /STATISTICS DESCRIPTIVES
  /MISSING ANALYSIS
  /POSTHOC=SCHEFFE ALPHA(0.05).
```

일원배치 분산분석

기술통계

우울합

	N	평균	표준화 편차	표준화 오류	평균에 대한 95% 신뢰구간 하한	평균에 대한 95% 신뢰구간 상한	최소값	최대값
매우불만족	52	23.3269	8.41735	1.16728	20.9835	25.6703	11.00	42.00
대체로불만족	414	19.9686	7.00581	.34432	19.2918	20.6454	11.00	43.00
보통	1759	16.7749	5.77571	.13771	16.5048	17.0450	11.00	42.00
대체로만족	8443	13.9065	3.97533	.04326	13.8217	13.9914	11.00	37.00
매우만족	1035	12.9623	3.45201	.10730	12.7518	13.1729	11.00	35.00
전체	11703	14.5105	4.70653	.04351	14.4252	14.5957	11.00	43.00

ANOVA

우울합

	제곱합	자유도	평균제곱	F	유의확률
집단-간	30954.786	4	7738.697	396.594	.000
집단-내	228261.682	11698	19.513		
전체	259216.468	11702			

[그림 12-2] 일원분산분석 출력결과(계속)

사후검정

다중비교

종속변수: 우울합
Scheffe

(I) 가족관계 만족도	(J) 가족관계 만족도	평균차이(I-J)	표준화 오류	유의확률	95% 신뢰구간 하한	95% 신뢰구간 상한
매우불만족	대체로불만족	3.35832*	.64991	.000	1.3561	5.3605
	보통	6.55205*	.62156	.000	4.6372	8.4669
	대체로만족	9.42037*	.61446	.000	7.5274	11.3133
	매우만족	10.36460*	.62777	.000	8.4306	12.2986
대체로불만족	매우불만족	-3.35832*	.64991	.000	-5.3605	-1.3561
	보통	3.19373*	.24130	.000	2.4504	3.9371
	대체로만족	6.06205*	.22236	.000	5.3770	6.7471
	매우만족	7.00628*	.25688	.000	6.2149	7.7976
보통	매우불만족	-6.55205*	.62156	.000	-8.4669	-4.6372
	대체로불만족	-3.19373*	.24130	.000	-3.9371	-2.4504
	대체로만족	2.86832*	.11578	.000	2.5116	3.2250
	매우만족	3.81255*	.17305	.000	3.2794	4.3457
대체로만족	매우불만족	-9.42037*	.61446	.000	-11.3133	-7.5274
	대체로불만족	-6.06205*	.22236	.000	-6.7471	-5.3770
	보통	-2.86832*	.11578	.000	-3.2250	-2.5116
	매우만족	.94423*	.14548	.000	.4961	1.3924
매우만족	매우불만족	-10.36460*	.62777	.000	-12.2986	-8.4306
	대체로불만족	-7.00628*	.25688	.000	-7.7976	-6.2149
	보통	-3.81255*	.17305	.000	-4.3457	-3.2794
	대체로만족	-.94423*	.14548	.000	-1.3924	-.4961

*. 평균차이는 0.05 수준에서 유의합니다.

동질적 부분집합

우울합

Scheffe[a,b]

가족관계 만족도	N	유의수준 = 0.05에 대한 부분집합 1	2	3	4
매우만족	1035	12.9623			
대체로만족	8443	13.9065			
보통	1759		16.7749		
대체로불만족	414			19.9686	
매우불만족	52				23.3269
유의확률		.297	1.000	1.000	1.000

동질적 부분집합에 있는 집단에 대한 평균이 표시됩니다.

a. 조화평균 표본크기 214.598을(를) 사용합니다.

b. 집단 크기가 동일하지 않습니다. 집단 크기의 조화평균이 사용됩니다. I 유형 오차 수준은 보장되지 않습니다.

[그림 12-2] 일원분산분석 출력결과

[분석결과 해석]

유의확률 판단기준
$*p<.05$, $**p<.01$, $***p<.001$

여기에서 실습한 일원분산분석의 결과와 해석의 예는 다음과 같다. 평균 및 표준편차는 소수점 둘째자리까지만 제시하였다. F값이 396.594이고, 유의확률 p값이 .000으로 $p<.001$에서 통계적으로 유의하여 가족관계 만족도에 따른 우울 정도는 통계적으로 유의한 차이가 있는 것으로 분석되었다. 모형에서 통계적인 차이가 확인되었으므로 사후분석을 실시한 결과, 모든 집단에서 집단 간 차이가 있는 것을 확인할 수 있다. 사후검정은 크게 두 가지 방식으로 수행할 수 있는데, 첫 번째는 '다중비교'에서 집단 간 차이가 있는 것(통계적으로 유의한 것만 해석: * 표시 있는 부분만 해석)만을 추려서 해석해 보면, 가족관계에 따른 우울 정도는 '매우 불만족 > 대체로 불만족 > 보통 > 대체로 만족> 매우 만족'의 순으로 우울 정도가 다르게 적용되고 있다. 동질적 부분집합에 따른 사후분석 결과는 1영역에 '매우 만족'과 '대체로 만족'이 우울에 있어서는 동질한 집단임을 알 수 있으며, 나머지 '보통' '대체로 불만족' '매우 불만족' 간에는 우울 정도가 서로 다름을 확인할 수 있다.

만약 집단 간 차이가 통계적으로 유의하지 않았다면? 유의확률 p값이 .05 이상으로 나온 경우, 95%의 신뢰수준을 따르는 기준에서는 "세 집단 이상의 종속변수의 평균 차이가 통계적으로 유의하지 않다."라고 제시한다. 즉, 세 집단 이상의 종속변수는 큰 차이가 없이 유사하다는 것을 의미한다. 집단 간의 차이가 통계적으로 유의하지 않다면, 즉 유의확률 값이 .05 이상일 경우는 집단 간 차이 없이 유사하다는 것을 의미하므로 "○○에 따른 △△의 집단 간 차이는 통계적으로 유의하지 않다. 즉, 세 집단 이상의 종속변수는 유사한 양상을 보임을 알 수 있다."라고 하고 마치도록 한다.

[보고서 작성]

가족관계 만족도에 따른 우울의 기술통계는 다음과 같다. 먼저 가족관계가 '매우 불만족'인 집단의 우울 평균이 23.33점(8.42), '대체로 불만'인 집단의 우울 평균은 19.97점(7.01), '보통'인 집단의 우울 평균은 16.77점(5.78), '대체로 만족'인 집단의 우울 평균은 13.91점(3.98), '매우 만족'인 집단의 우울 평균은 12.96점(3.45)으로 나타났다. 가족관계 만족 정도에 따른 우울의 집단 간 차이는 통계적으로 유의한 것으로 분석되었다(F=396.594, p<.001). 구체적으로 집단 간 차이를 살펴보기 위해 사후분석을 실시한 결과, 가족 간의 만족도가 낮은 집단부터 가족관계가 높은 집단까지 우울 정도가 일련의 순서대로 높게 제시된 것을 볼 수 있었다. 이를 통해 가족의 우울과 같은 부정적인 정신건강 문제 해결을 위해서는 가족 간의 관계 개선을 위한 사회복지적인 개입이 필요함을 제시할 수 있다.

표 12-1 가족관계 정도에 따른 우울 정도

		빈도	평균	표준편차	F	사후분석
가족 관계 정도	매우 불만족(a)	52	23.33	8.42	396.594***	a>b>c>d>e
	대체로 불만족(b)	414	19.97	7.01		
	보통(c)	1,759	16.77	5.78		
	대체로 만족(d)	8,443	13.91	3.98		
	매우 만족(e)	1,035	12.96	3.45		
	합계	11,703	14.51	4.71		

***p<.001

통계사냥

1. 집단 간 차이가 통계적으로 유의한 경우의 일원분산분석 모형을 찾아보고, 이를 결과로 제시하라.

		빈도	평균	표준편차	F	사후분석
	합계					

2. 집단 간 차이가 통계적으로 유의하지 않은 경우의 일원분산분석 모형을 찾아보고, 이를 결과로 제시하라.

		빈도	평균	표준편차	F
	합계				

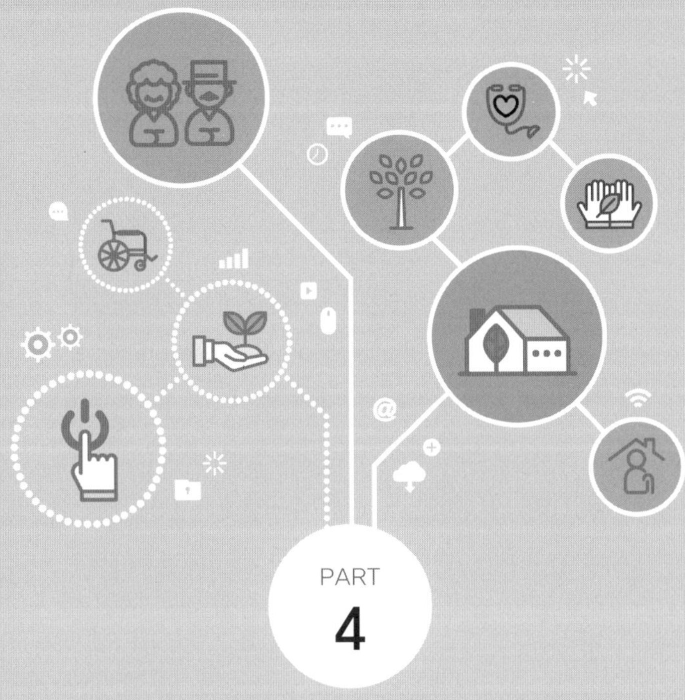

PART

4

관계분석

Part 3까지는 각 집단 간의 통계적 차이를 분석하는 기초적인 수준의 통계였다면, Part 4부터는 중급 이상의 통계분석을 다룬다.

먼저 변수와 변수 간 상관정도의 관계를 통계적으로 분석하는 상관관계분석부터 인과관계 확인을 위해 통계적인 영향요인 검증을 실시하는 회귀분석에 관한 이론과 실습을 다루게 된다. 더 나아가 회귀분석의 확장 형태로, 독립과 종속 사이에서 특별한 기능을 수행하는 요인을 확인하는 조절회귀분석과 매개회귀분석도 다루어 보고자 한다. 조절회귀분석과 매개회귀분석은 회귀분석에 비해 변수 간 관계에서 감춰진 보다 풍부한 역동성을 발견할 수 있는 의미 있는 분석이다. Part 4의 마지막 장에서는 4차 산업혁명에서의 사회복지의 현주소 및 앞으로 모색해야 할 방향을 고민하는 내용을 다룬다. 더불어 최근 부각되고 있는 온라인상에서의 빅데이터를 다룰 수 있는 실습을 통해 사회복지 관련한 빅데이터를 가용할 수 있는 능력 향상에 기여하고자 한다.

상관관계분석

우울과 자아존중감 간의 관계를 살펴보기 위해 가설 하나를 설정했다. '우울감이 높으면 자아존중감은 낮을 것이다.' 그렇지만 그 반대의 경우도 성립될 것이다. 즉, '자아존중감이 높으면 우울감은 낮아질 것이다.'의 명제도 성립될 수 있다. 이처럼 두 변수 간의 관계가 인과관계가 아닌, 서로 간의 관련성이 있는지를 알아보는 분석을 상관관계분석(correlation analysis)이라고 한다.

다시 말하면, 상관관계분석은 두 집단 간의 상관관계의 정도가 통계적으로 유의한지를 검증하는 분석으로 독립변수, 종속변수 모두 연속변수인 경우 사용할 수 있는 검증방법이다. 상관관계분석은 서로 간의 관계의 정도를 분석하는 것이므로 인과관계가 아님을 유의해야 한다.

[분석의 기본 가정]

- 독립변수와 종속변수 모두 연속변수일 때 사용 가능하다. 단, 사회과학에서는 필요에 따라 서열변수 사용을 허용하기도 한다. 또한, 성별, 흡연 유무 등의 명목 변수는 더미변수로 전환하여 투입 가능하다.
- 두 변수 간의 관계를 보는 분석이나, 변수의 개수는 여러 개를 한꺼번에 투입해도 무방하다. 표는 한꺼번에 제시되어도 두 변수 간의 관계를 보는 것(이변량)이기에 두 변수씩 제시된 통계치를 해석하면 된다.
- 변수와 변수 간의 상관관계를 보는 분석으로서, 변동의 연관성 정도, 크기와 방향만 보는 분석이다. 인과관계는 아니다.
- 독립과 종속의 위치가 바뀌어도 분석에는 영향을 미치지 않는다.
- 분석한 상관계수 r값은 -1에서 최대 1까지의 범위를 가지며, 절대값 1에 가까울수록 상관관계가 높다. 같은 변수 간에는 자기상관이라 하여 '1'로 표기한다.

상관계수 r값이 (+)이면 정적상관관계, (−)이면 부적상관관계이며, 관계의 정도에 따라 상관관계의 강도를 나타낼 수 있다. 정적상관은 하나의 변수가 증가하면 다른 변수도 증가하고, 또는 하나의 변수가 감소하면 다른 변수도 감소하는 방향성이 일치된 것을 의미한다. 부적상관은 하나의 변수가 감소하면 다른 변수는 증가(혹은 이 반대도 가능)하는 서로 간 방향이 다른 것을 의미한다.

계수는 그 크기에 따라 서로 간의 관계 강도를 나타낸다.

$r \leq \pm.3$: 약한 상관관계

$\pm.3 \leq r \leq \pm.5$ 사이: 보통의 상관관계

$r \geq \pm.5$: 강한 상관관계

SPSS 분석과정

SPSS 상단에 메뉴바에 분석(A) → 상관분석(C) → 이변량상관계수(B) → 화살표를 이용하여 확인하고자 하는 변수를 오른쪽 변수(V) 칸에 이동 → 확인 → '출력결과' 창 확인

친절한 TooMuchInformation

옵션을 선택할 경우, 기술통계 결과까지 같이 제시되는데 필요한 경우에 사용하면 된다.

상관관계분석 실습은 건강상태('health'), 지난 1년간 외래진료횟수(회)('med1'), 주거환경만족도('a3'), 여가생활만족도('a7'), 자원봉사 연간 횟수('social6') 간의 상관관계를 분석한 예이다. 건강상태는 해석이 수월하도록 역처리한 후 사용하도록 한다. [그림 13-1]은 역처리한 건강상태 변수이다.

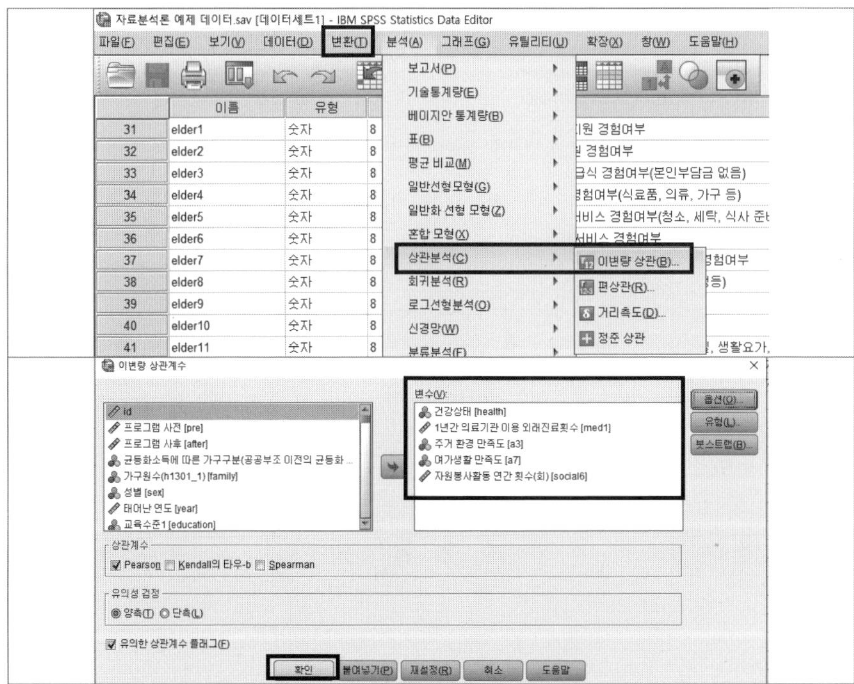

[그림 13-1] 상관관계분석

```
CORRELATIONS
  /VARIABLES=health med1 a3 a7 social6
  /PRINT=TWOTAIL NOSIG
  /MISSING=PAIRWISE.
```

➔ 상관관계

상관관계

		건강상태	1년간 의료기관 이용 외래 진료횟수	주거 환경 만족도	여가생활 만족도	자원봉사활동 연간 횟수(회)
건강상태	Pearson 상관	1	-.388**	.123**	.190**	-.067*
	유의확률 (양측)		.000	.000	.000	.015
	N	14923	14923	11704	11704	1322
1년간 의료기관 이용 외래 진료횟수	Pearson 상관	-.388**	1	-.053**	-.078**	.088**
	유의확률 (양측)	.000		.000	.000	.001
	N	14923	14923	11704	11704	1322
주거 환경 만족도	Pearson 상관	.123**	-.053**	1	.301**	-.014
	유의확률 (양측)	.000	.000		.000	.625
	N	11704	11704	11704	11704	1311
여가생활 만족도	Pearson 상관	.190**	-.078**	.301**	1	.045
	유의확률 (양측)	.000	.000	.000		.107
	N	11704	11704	11704	11704	1311
자원봉사활동 연간 횟수(회)	Pearson 상관	-.067*	.088**	-.014	.045	1
	유의확률 (양측)	.015	.001	.625	.107	
	N	1322	1322	1311	1311	1322

**. 상관관계가 0.01 수준에서 유의합니다(양측).

*. 상관관계가 0.05 수준에서 유의합니다(양측).

[그림 13-2] 상관관계분석 출력 결과

친절한 TooMuchInformation

상관관계와 같이 복잡한 표는 일일이 보면서 타이핑하기 어렵다. '출력결과' 창에서 해당 표를 클릭하고 오른쪽 버튼을 누르면 복사하기가 되는데, 이를 한글 파일에 붙여넣기하면 숫자가 틀릴 위험성이 줄어들고, 작업이 한결 수월하다. 단, 붙여넣기 한 채로 그냥 두는 것이 아니라 논문형식에서 쓰는 방식대로 편집해야 한다.

[분석결과 해석]

유의확률 판단기준
$*p<.05$, $**p<.01$, $***p<.001$

상관관계분석의 결과와 해석은 다음과 같다. 상관관계분석은 여러 개의 변수들을 동시에 분석할 수 있으나, 실질적으로는 이변량으로 두 변수 간의 관계를 해석하고 보고해야 한다. Peason 상관은 상관계수를 의미하는 숫자로서, 이 숫자가 높을수록 유의하게 되며, 이 계수는 두 변수 간의 관계의 정도의 강도를 의미한다. 두 변수 간의 상관관계가 통계적으로 유의한지의 여부는 두 번째 줄에 나오는 유의확률(양측)을 보고 판단하며, .05 미만이어야 통계적으로 유의한 상관관계가 있다고 판단한다.

만약 두 변수 간 상관관계가 통계적으로 유의하지 않았다면? 유의확률 p값이 .05 이상으로 나온 경우, 95%의 신뢰수준을 따르는 기준에서는 "두 변수 간의 상관관계가 통계적으로 유의하지 않다."라고 제시한다. 즉, 두 집단은 서로 관계가 없다는 것을 의미한다.

[보고서 작성]

건강상태, 지난 1년간 외래진료횟수(회), 주거환경만족도, 여가생활만족도, 자원봉사연간횟수 간의 상관관계를 분석한 결과는 다음과 같다. 건강상태와 주거환경 만족도 및 여가생활만족도와의 상관관계는 통계적으로 유의한 정적상관관계를 나타내었다. 즉, 건강상태가 좋으면, 주거환경 만족도와 여가생활만족도가 높은 것으로 나타났다(r=.123, r=.190, $p<.001$). 또한 건강상태와 지난 1년간 외래진료횟수와 자원봉사연간횟수와의 상관관계는 통계적으로 유의한 부적상관관계를 나타내는 것으로 분석되었다. 즉, 건강상태

가 좋으면 외래진료횟수가 적고(r=−.388, p<.001), 자원봉사횟수도 적은 것으로 나타났다(r=−.067, p<.05).

지난 1년간 외래진료횟수와 주거환경 및 여가생활만족도와의 상관관계는 통계적으로 유의한 부적상관관계를 나타내었다. 즉, 외래진료횟수가 증가하는 경우, 주거환경 및 여가생활만족도는 낮은 것으로 나타났다(r=−.053, r=−.078, p<.001). 지난 1년간 외래진료횟수와 자원봉사연간횟수와의 상관관계는 통계적으로 유의한 정적상관관계를 나타내었다. 즉, 외래진료를 횟수가 높으면, 자원봉사 횟수도 높은 것으로 나타났다(r=.088, p<.01).

주거환경만족도와 여가생활만족도와의 상관관계는 통계적으로 유의한 정적상관관계를 나타내었다. 즉, 주거환경 만족도가 높으면, 여가생활만족도도 높은 것으로 나타났다(r=.301, p<.001). 한편, 주거환경만족도 및 여가생활만족도는 자원봉사횟수와의 상관관계가 통계적으로 유의하지 않았다.

표 13-1 건강상태, 지난 1년간 외래진료횟수(회), 주거환경만족도, 여가생활만족도, 자원봉사연간횟수 간의 상관관계

구분	건강상태	지난 1년간 외래진료 횟수	주거환경 만족도	여가생활 만족도	자원봉사 연간횟수
건강상태	1	−.388***	.123***	.190***	−.067*
지난 1년간 외래진료횟수		1	−.053***	−.078***	.088**
주거환경 만족도			1	.301***	−.014
여가생활 만족도				1	.045
자원봉사 연간횟수					1

*p<.05, **p<.01, ***p<.001

친절한 TooMuchInformation

결과표를 작성할 때에는 자기상관 1로 표기된 부분을 기준으로 위 편에 기술해도 되고, 아래편에 기술해도 된다. 둘 다 결과가 같으므로 더 선호하는 편에 기술하면 된다.

1. 삶의 만족도, 음주문제, 우울, 자아존중감 간의 상관관계를 분석하고 결과를 다음과 같이 보고하라(변수는 합산 후 생성한 변수를 사용하되, 해당 역점수가 있는 변수는 처리 후 합산할 것).
   - 삶의 만족도: a1~s7의 합산. 점수가 높을수록 삶의 만족도가 높은 것으로 해석
   - 음주문제: b1~b7의 합산. 점수가 높을수록 음주문제가 심각한 것으로 해석
   - 우울: d1~d11의 합산. 점수가 높을수록 우울이 심각한 것으로 해석. 역점수 처리
   - 자아존중감: e1~e10의 합산. 점수가 높을수록 자아존중감이 높은 것으로 해석. 역점수 처리

■ 상관관계분석 결과

〈삶의 만족도, 음주문제, 우울, 자아존중감의 상관관계〉

구분	삶의 만족도	음주문제	우울	자아존중감
삶의 만족도	1			
음주문제		1		
우울			1	
자아존중감				1

2. 선택한 변수를 활용하여 상관관계분석을 실시하고, 결과를 보고하라(개수의 제한은 없음).

■ 상관관계분석 결과

	1			
		1		
			1	
				1

회귀분석

[그림 14-1] 상대적인 영향력에 관한 통계적 통제

출처: http://pixabay.com

크고 맛있는 피자 한 판이 있다. 몇 명이면 이 피자 한 판을 고루 잘 나눠 먹을 수 있을까? 3명? 4명? 커다란 피자 한 판을 먹는 데 5명 정도면 충분하다고 가정하자. 그런데 이 중 어느 한 명이 피자를 너무 좋아해서 몇 인분에 해당하는 피자를 혼자 먹을 수 있다면 다른 사람들은 충분히 먹었다고 느끼지 못할 것이다. 즉, 사람과 사람 간에는 서로 영향력이 행사되고 있다. 어떤 사람은 적게 먹는 범위를 차지할 것이고, 또 어떤 사람은 많이 먹는 범위를 차지할 것이다. 피자 한 판의 양은 한계가 있으므로 이 안에서 5명은 서로 간 상대적인 영향력 범위 내에서 피자를 먹게 된다.

회귀분석(regression analysis)은 5명이 큰 피자 한 판을 나눠 먹는 원리와 비슷하다. 사람 한 명을 변수라고 하고 피자 한 판이 전체의 샘플 수가 모여진 전체 값이라고 대입하면, 이들은 서로 간의 상대적인 영향력을 행사하고 있으며 그에 따라 어떤 사람은 배가 부르고(통계적으로 유의함), 또 어떤 사람은 전혀 배가 안 부르게 되는(통계적으로 유의하지 않음) 현상이 나타난다. 즉, 누가 피자를 가장 잘 먹었느냐는 그 식사 자리에 어떤 사람이(변수) 포함되었느냐에 따라 달라지는 것이다. 통계학에서는 이를 조금 어려운 말로 '통제'라고 표현한다. 즉, 서로 간 상대적인 영향력을 주고받고 있다는 의미이다.

회귀분석은 통계에 있어 '꽃'이라고 표현할 만큼 지금까지 배웠던 모든 것의 총체적인 종합선물세트와 같은 분석이다. 학부 수준에서는 회귀분석이 최종이지만, 석사 및 박사 과정에서는 회귀분석이 기반이 되어 더 어려운 분석이 수행될 수 있다. 따라서 회귀분석은 통계에 있어서는 일종의 플랫폼에 해당되는 중요한 분석이다.

피자 예시를 통해 회귀분석의 통제라는 어려운 개념이 조금 와 닿았다면 이미 여러분은 이를 이해하기 위한 기반이 마련되어 있는 것이다. 회귀분석은 상관관계와는 달리 인과관계를 보는 분석방법이다. 즉, 원인과 결과의 관계를 통계적 검증을 통해 밝혀 내는 것이다. 회귀분석은 종속변수에 대한 변량(variation)을 가장 잘 설명해 주는 직선을 찾기 위해 방정식을 활용한다. 즉, 알아보고자 하는 하나의 현상을 이에 관련된 여러 변수들을 같이 놓고 보았을 때, 이에 대한 설명력이 가장 높은 하나의 회귀선을 찾는 것이다. [그림

14–2]의 네모 점들은 각 개별값(데이터)을 의미한다. 이 값들이 흩어져 있는 가운데 이를 가장 설명할 수 있는, 즉 각 개별값들과 방정식의 선의 거리가 최소화될 수 있는 직선이 회귀선이 된다. 각 개별값과 방정식 선의 거리는 곧 오차로 명명될 수 있는데, 그 오차들의 전체 합이 최소화되는 선을 찾는 것으로도 설명할 수 있다. 이 오차들의 합을 구하기 위해 그대로 더하게 되면 오차들의 양수(+), 음수(−)가 상쇄되어 절대적인 오차의 합을 알 수 없게 된다.[1] 따라서 이들을 제곱하여 양수로 만들고 나서 그 값들을 모두 더해주는 식으로 하여 이 합이 최소화된 선을 찾는 방식을 최소제곱법(Ordinary Least Square: OLS)이라고 한다.

앞에서 배운 다른 통계들은 단지 두 변수 간의 관계나 차이를 확인하는 검증이어서 실험설계가 아닌 이상 인과관계를 검증하는 데에는 한계가 있었

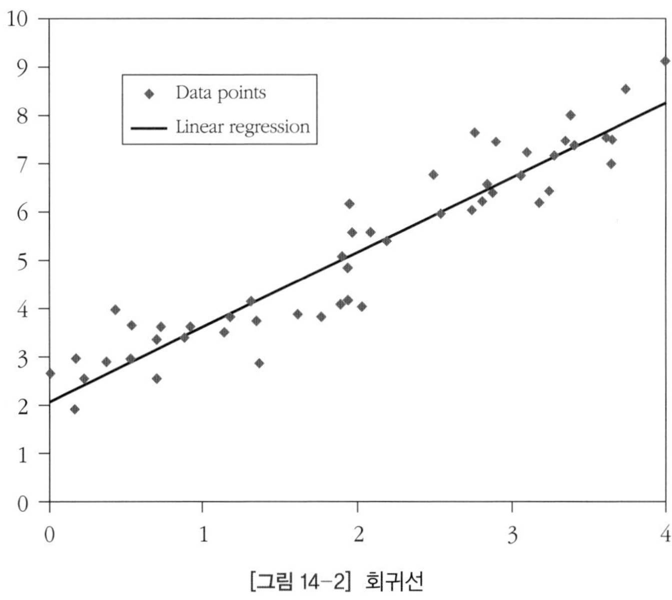

[그림 14–2] 회귀선

1) 제곱 대신 절대값을 사용할 수도 있으나, 만약 회귀선이 한쪽으로 치우지는 경우, 즉 모든 오차가 −이거나 +인 경우는 바람직한 회귀선 도출이 되지 않을 수 있어서 제곱 방식을 사용한다.

다. 회귀분석은 여러 개의 변수를 통계적으로 통제하는 과정을 통해 검증하므로 어떤 변수가 종속변수에 유의한 영향을 미치는지에 관해 순수한 인과관계를 밝힐 수 있는 유용한 통계기법 중 하나이다.

한 개의 독립변수에 따른 종속변수의 영향력을 검증하는 것을 '단순회귀분석'이라고 하며, 이는 보통 회귀분석의 기본 개념을 익힐 때 학습하는 것으로 실제에서는 쓰이지 않는다. 종속변수에 영향을 미치는 요인은 한 가지만 있는 것이 아니기 때문이다. 따라서 사회과학에서는 독립변수가 여러 개이고, 종속변수가 하나인 '다중회귀분석'을 사용한다. 연구자가 궁극적으로 알고자 하는 하나의 현상에 영향을 미치는 요인들은 실로 다양하다. 따라서 그 다양한 요인들을 함께 놓고 동시에 고려(통계적 통제)하였을 때, 이 중 어느 요인이 그 현상에 영향을 미치는지를 검증하게 된다. 즉, 회귀분석은 여러 변수들 간의 상대적인 영향력을 통제하면서 그 변수가 종속변수에 영향을 미치는지 그렇지 않는지에 대해 검증한다.

만약 영향요인이 될 수 있는 가능성이 있음에도 해당 요인을 고려하지 않았다면, 이는 선행연구에 대한 고찰이 충분하지 않았음을 의미하는 것이다. 현상에 대한 보다 심도 있는 영향요인을 검증하고자 한다면, 어떤 요인이 포함되어야 되는지에 대한 충분한 선행연구 고찰을 통해 관련 요인을 잘 선정해야 한다.

회귀분석은 변수의 투입 방법에 따라 크게 다중회귀분석, 위계적 회귀분석, 단계적 회귀분석으로 구분되는데, 다중회귀분석과 위계적 회귀분석은 사회과학 전 분야에서 보편적으로 사용되고 있다. 단계적 회귀분석은 간호학이나 교육학 등에서 자주 사용되는 분석으로, 종속변수에 영향을 미치는 요인들만을 통계적으로 구분해 내는 분석이다. 이론적 근거 없이 단순한 통계적 유의도만을 보기 위해 사용하는 경우에 주의를 요한다. 여기서는 다중회귀분석과 위계적 회귀분석을 살펴본다.

1. 다중회귀분석

다중회귀분석(multiple regression analysis)은 한 개의 종속변수에 영향을 미치는 2개 이상의 요인들(독립변수)을 동시에 투입하여 이 중 어떤 독립변수가 종속변수에 유의한 영향을 미치는지를 분석하는 통계기법이다. 종속변수에 영향을 미치는 것으로 예측되는 독립변수들은 관련 이론 및 선행연구의 충분한 고찰을 통해 선정하게 된다. 이 분석을 위해서는 다음의 사항들을 유념해야 한다.

[분석의 기본 가정]

- 독립과 종속의 위치가 분명해야 한다.
- 독립변수와 종속변수 모두 연속변수여야 한다. 단, 사회과학에서는 필요에 따라 서열변수를 연속변수로 취급하기도 하여 사용한다.
- 성별, 유무 등의 명목 변수는 더미변수로 전환하여 투입 가능하다.
- 다중공선성의 문제가 있는지 검토가 필요하다. 상관관계 계수가 .8 이상이면 처리 후 회귀분석에 투입해야 한다.
- 회귀분석은 몇 개의 표본이 필요할까? 일반적으로 독립변수 1개당 10~20개의 샘플이 필요하다.
- 종속변수에 대한 독립변수들의 영향요인의 통계적 검증은 유의한 변수만 설명이 가능하며, 이때 표준화된 회귀계수인 베타값을 통해 상대적인 영향력을 살펴볼 수 있다. 즉, 서로 간 영향력을 통제한 상태에서 종속변수에 영향을 미치는 순수한 효과를 살펴볼 수 있다.
- 다중공선성(multicollinearity): 회귀분석에 포함된 독립변수들 중 서로 지나치게 유사하거나 밀접하여 독립적인 변수가 아닌 하나의 변수로 보아

도 무방할 만큼의 변수가 각각 존재하여, 분석에 포함될 경우에 발생할 수 있는 통계적인 왜곡 현상이다. 상관관계분석을 통해 상관관계 계수가 .8 이상으로 나온 변수는 적절하게 연구자적 판단으로 처리 후 분석에 포함한다. 회귀분석에서 다중공선성의 판단은 VIF(variance inflation factors, 분산팽창요인)와 Tolerance(공차한계)의 값을 보고 문제가 있는지의 여부를 판단한다. 기준은 학자마다 약간 다르지만, 사회과학에서의 보편적인 기준은 일반적으로 VIF 10 이상, 공차한계 0.1 이하일 때 다중공선성이 의심된다고 판단한다.

- 결정계수(R^2)=설명력: 독립변수가 종속변수의 변량을 설명하는 정도를 의미한다. 만약 R^2가 .45가 나왔다면, 독립변수들이 종속변수의 변량을 45% 설명한다는 의미이다. 이 설명력은 변수가 많아지면 많아질수록 높아지는 경향이 있다. 의미 없는 변수들의 증가로 단지 설명력만 높아지는 것은 과학의 중요한 요소 중 하나인 간명성을 상실하는 문제가 야기될 수 있다. 따라서 이론 고찰을 통한 변수 선정이 중요하다.
- 수정결정계수(Adjusted R^2): 결정계수에 표본의 수와 독립변수의 수를 반영한 수치(즉, 보정의 기능)로서, 수정결정계수는 항상 결정계수보다 작다.
- 비표준화된 회귀계수(B): 각 변수에 대한 고유한 회귀계수값으로 각 변수의 기울기의 값이다. 이 값이 클수록 독립변수가 종속변수에 미치는 영향력의 정도가 큰 것을 의미한다. 기울기의 부호가 +이면 독립변수와 종속변수 변화의 방향이 동일하다(독립이 증가하면 종속이 증가/독립이 감소하면 종속이 감소)는 것을 의미하며, 기울기의 부호가 −이면 독립변수와 종속변수 변화의 방향이 반대인 것(독립이 증가하면 종속이 감소 독립이 감소하면 종속이 증가)을 의미한다. 영향요인의 통계적 검증은 유의한 변수만 설명이 가능하며, 각 독립변수는 서로 단위가 다르므로 상대적 비교를 할 수 없다.
- 표준화된 회귀계수(β): 앞서 제시된 바와 같이 영향요인의 통계적 검증은

유의한 변수만 설명이 가능하다. 비표준화된 회귀계수는 단위가 달라 상대적인 비교를 할 수 없는데, 이러한 비교는 표준화된 회귀계수인 베타값을 통해 상대적인 영향력을 살펴볼 수 있다. 즉, 표준화된 회귀계수는 서로 단위가 다른 것을 표준화시켜서 상대적인 비교를 할 수 있도록 재조정한 값이라 할 수 있다. 베타값은 통계적으로 유의한 변수들 간 비교가 가능하며, 부호에 상관없이 절대값이 큰 변수가 종속변수에 대한 영향력이 큰 것으로 해석한다.

SPSS 분석과정

SPSS 상단에 메뉴바에 분석(A) → 회귀분석(R) → 선형(L) → 화살표를 이용하여 확인하고자 하는 독립변수(I), 종속변수(D)를 오른쪽 변수칸에 각각 이동 → 방법은 입력으로 선택 → 통계량(S) 버튼 눌러 모형적합(M), 공선성 진단(L), R 제곱 변화량(S), 추정값 체크(E) → 계속 → 확인 → '출력결과' 창 확인

친절한 TooMuchInformation

다중회귀분석은 기존의 분석과는 달리 다수의 변수들이 포함되는 것이므로 표본의 크기, 즉 파워(power) 관한 문제가 생길 수 있다. 변수의 수가 많고 데이터의 수가 적으면 서로 간 설명할 수 있는 파워가 부족하여 실제로는 인과관계가 성립될 수 있는 변인임에도 의미가 없다고 나올 수도 있고, 대규모 패널처럼 표본이 아주 큰, 즉 파워가 큰 경우는 조금의 차이가 있어도 통계적으로 유의하다고 나올 가능성이 높아진다. 이는 표본의 수가 많을수록 표집오차가 줄어드는 원리로 인함이다. 이는 통계가 가지는 맹점이기도 하다.

[그림 14-3] 다중회귀분석(계속)

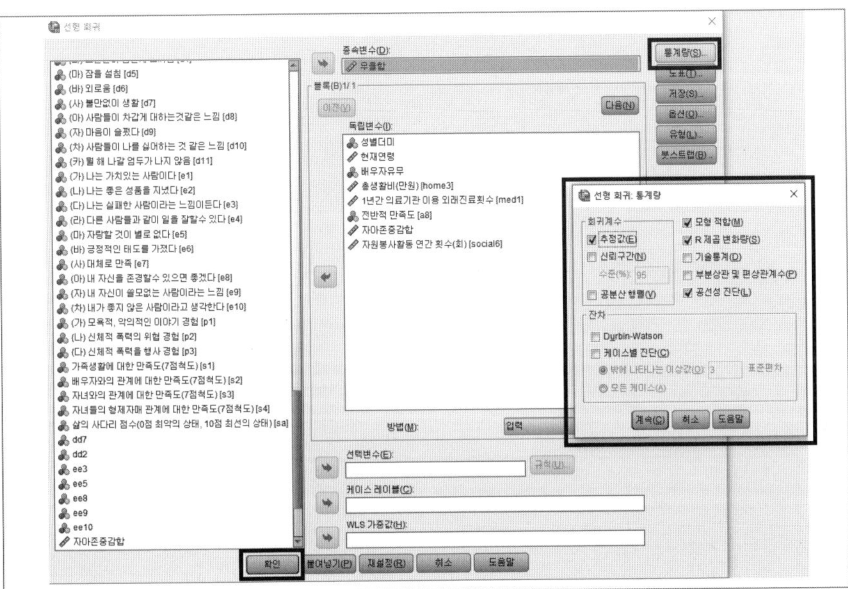

[그림 14-3] 다중회귀분석

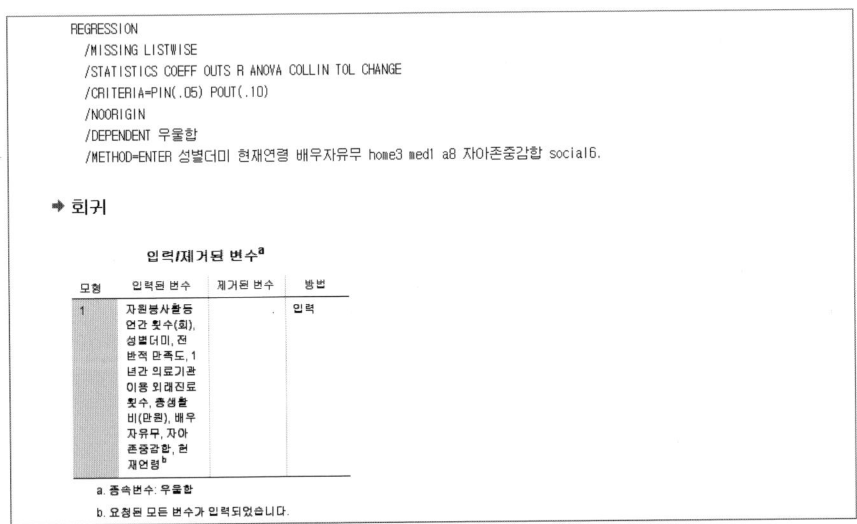

```
REGRESSION
  /MISSING LISTWISE
  /STATISTICS COEFF OUTS R ANOVA COLLIN TOL CHANGE
  /CRITERIA=PIN(.05) POUT(.10)
  /NOORIGIN
  /DEPENDENT 우울합
  /METHOD=ENTER 성별더미 현재연령 배우자유무 home3 med1 a8 자아존중감합 social6.
```

➡ 회귀

입력/제거된 변수[a]

모형	입력된 변수	제거된 변수	방법
1	자원봉사활동 연간 횟수(회), 성별더미, 전반적 만족도, 1년간 의료기관 이용 외래진료 횟수, 총생활비(만원), 배우자유무, 자아존중감합, 현재연령[b]	.	입력

a. 종속변수: 우울합

b. 요청된 모든 변수가 입력되었습니다.

[그림 14-4] 다중회귀분석 출력결과(계속)

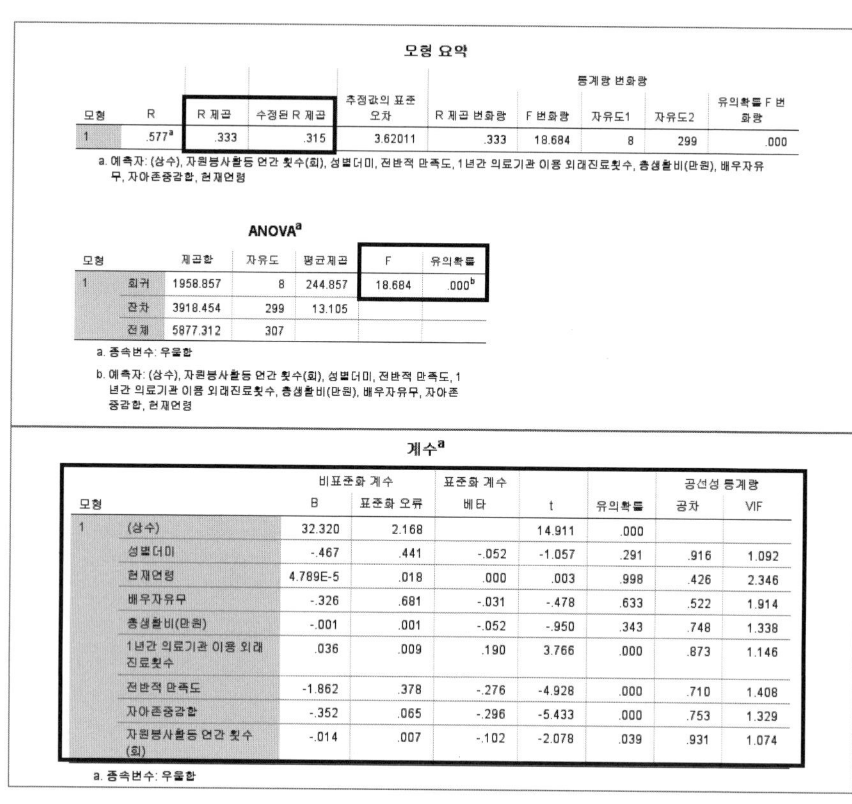

모형 요약

모형	R	R 제곱	수정된 R 제곱	추정값의 표준오차	통계량 변화량				
					R 제곱 변화량	F 변화량	자유도1	자유도2	유의확률 F 변화량
1	.577[a]	.333	.315	3.62011	.333	18.684	8	299	.000

a. 예측자: (상수), 자원봉사활동 연간 횟수(회), 성별더미, 전반적 만족도, 1년간 의료기관 이용 외래진료횟수, 총생활비(만원), 배우자유무, 자아존중감합, 현재연령

ANOVA[a]

모형		제곱합	자유도	평균제곱	F	유의확률
1	회귀	1958.857	8	244.857	18.684	.000[b]
	잔차	3918.454	299	13.105		
	전체	5877.312	307			

a. 종속변수: 우울합

b. 예측자: (상수), 자원봉사활동 연간 횟수(회), 성별더미, 전반적 만족도, 1년간 의료기관 이용 외래진료횟수, 총생활비(만원), 배우자유무, 자아존중감합, 현재연령

계수[a]

모형		비표준화 계수 B	비표준화 계수 표준화 오류	표준화 계수 베타	t	유의확률	공선성 통계량 공차	공선성 통계량 VIF
1	(상수)	32.320	2.168		14.911	.000		
	성별더미	-.467	.441	-.052	-1.057	.291	.916	1.092
	현재연령	4.789E-5	.018	.000	.003	.998	.426	2.346
	배우자유무	-.326	.681	-.031	-.478	.633	.522	1.914
	총생활비(만원)	-.001	.001	-.052	-.950	.343	.748	1.338
	1년간 의료기관 이용 외래진료횟수	.036	.009	.190	3.766	.000	.873	1.146
	전반적 만족도	-1.862	.378	-.276	-4.928	.000	.710	1.408
	자아존중감합	-.352	.065	-.296	-5.433	.000	.753	1.329
	자원봉사활동 연간 횟수(회)	-.014	.007	-.102	-2.078	.039	.931	1.074

a. 종속변수: 우울합

[그림 14-4] 다중회귀분석 출력결과

[분석결과 해석]

유의확률 판단기준

$^{*}p<.05$, $^{**}p<.01$, $^{***}p<.001$

다중회귀분석은 각 변수의 영향력 검증에 앞서 모형 전체의 유의도를 파악해야 한다. 회귀모형의 유의도를 판단하는 *F*값과 유의확률값을 확인하여 .05보다 미만이면 회귀모형이 통계적으로 유의하다고 판단한다. 이는 독립변수들 중 하나는 종속변수에 영향을 미치는 요인이 존재한다는 것을 의미한다. 회귀모형의 통계적 유의도 판단 후에는, 각 독립변인들이 종속변수를 얼마나

설명하는지에 관한 설명력(R^2)을 보고한다. 다음으로는 독립변수들 간 다중공선성의 문제가 없는지를 Tolerance(공차한계)와 VIF(분산팽창요인)을 통해 판단한다.

다음으로는 각 변인들 중 종속변수에 영향을 미치는 요인이 무엇인지 확인한다. 독립변수 중 어느 변수가 종속변수를 유의하게 설명하는지에 관해서는 계수 box란의 t값과 유의확률을 보고 판단한다. 이 값이 유의한 것이 종속변수에 유의한 영향을 미치고 있는 변수라는 것이며, 유의한 값을 중심으로 해석한다. 유의한 변수들 중 표준화 계수인 베타값을 확인하여 어느 변수가 종속변수에 가장 크게 영향을 미치는지에 관해 상대적인 영향력도 추가적으로 살펴볼 수 있다.

각 변수의 유의확률이 .05보다 미만이면 해당 변수는 종속변수에 유의한 영향을 미치는 변인이라고 할 수 있다. 유의한 변수 중 회귀계수의 부호가 + 일 경우는 독립변수 증가에 따라 종속변수도 증가하고, 독립변수 감소에 따라 종속변수도 감소하는 방향성이 일치한 해석을 하고, 회귀계수의 부호가 −일 경우는 독립변수가 증가하면 종속변수는 감소하고, 독립변수가 감소하면 종속변수는 증가하는 영향관계로 해석한다.

만약 회귀모형이 유의하지 않았다면? 회귀모형의(F값) 유의확률 p값이 .05 이상으로 나온 경우, 95%의 신뢰수준을 따르는 기준에서는 "회귀모형은 통계적으로 유의하지 않다."고 제시한다. 즉, 어떤 변인도 종속변수를 설명하지 못한다는 것을 의미한다. 회귀모형이 유의하지 않으면 모형에 포함된 모든 변인은 종속변수에 유의한 영향력이 없으므로 "회귀모형이 통계적으로 유의하지 않다."라고 간단하게 서술하고 마친다.

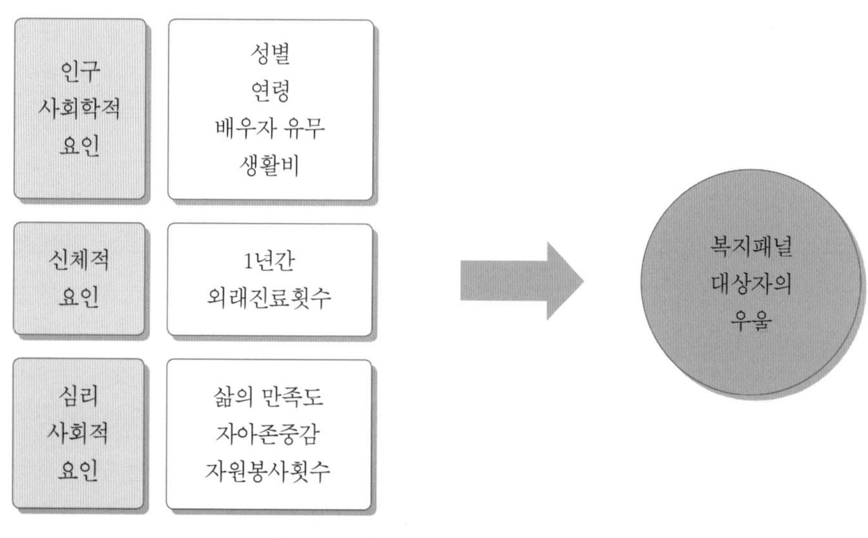

[그림 14-5] 다중회귀분석 연구모형

[보고서 작성]

"복지패널 대상자의 인구사회학적 요인, 신체적 요인, 심리사회적 요인이 우울에 미치는 영향에 관한 연구"

복지패널 대상자의 우울 영향요인을 알아보고자 다중회귀분석을 이용하여 분석하였다. 우울 영향요인으로는 인구사회학적 요인, 신체적 요인, 심리사회적 요인을 투입하여 분석하였다. 명목변수인 성별, 배우자 유무는 더미화하여 모형에 투입하였고, 다중공선성의 문제는 없는 것으로 나타났다.

인구사회학적 요인으로는 성별, 연령, 배우자 유무, 생활비를 포함하였고, 신체적 요인으로는 지난 1년간 외래진료횟수, 심리사회적 요인으로는 삶의 만족도, 자아존중감, 자원봉사횟수를 포함하여 분석하였다. 분석결과 인구사회학적 · 신체적 · 심리사회적 요인들은 복지패널 대상자의 우울에 대한 33.3%를 설명하는 것으로 나타났다.

우울 영향요인 분석결과, 1년간 외래진료횟수, 삶의 만족도, 자아존중감,

자원봉사횟수가 우울에 대한 통계적인 영향력이 유의하였다. 즉, 지난 1년간 외래진료를 많이 받을수록(β=3.766, p<.001) 우울이 높아지는 것으로 분석되었다. 또한 삶의 만족도가 높을수록(β=−4.928, p<.001), 자아존중감이 높을수록(β=−5.433, p<.001), 자원봉사횟수가 많을수록(β=−2.078, p<.05) 우울은 낮아지는 것으로 분석되었다. 영향변인 중 자아존중감은 다른 변수들을 통제한 이후에도 우울에 영향을 미치는 강력한 변수임을 알 수 있었다. 한편, 성별, 연령, 배우자 유무, 생활비는 통계적으로 유의한 영향력이 없었다.

이러한 회귀분석 결과를 통해 복지패널 대상자의 우울 경감을 위해서는 신체적 질병으로 외래진료를 많이 받는 대상자들을 위한 보건서비스 정책이 이뤄져야 하고, 삶의 만족도 증진과 자아존중감 증진을 위한 심리사회적 개입이 필요함을 제안할 수 있다. 또한 자원봉사활동이 보다 활성화될 수 있는 사회적인 분위기를 조성하는 데 힘써야 할 것이다.

표 14-1 복지패널 대상자의 우울 영향요인(n=14,923)

요인	변인	B	β	t	공차	VIF
인구사회학적 요인	남자#	−.467	−.052	−1.057	.916	1.092
	연령	4.789E−5	.000	.003	.426	2.346
	배우자 있음※	−.326	−.031	−.478	.522	1.914
	생활비	−.001	−.052	−.950	.748	1.338
신체적 요인	1년간 외래진료횟수	.036	.190	3.766***	.873	1.146
심리사회적 요인	삶의 만족도	−1.862	−.276	−4.928***	.710	1.408
	자아존중감	−.352	−.296	−5.433***	.753	1.329
	자원봉사횟수	−.014	−.102	−2.078*	.931	1.074
상수		32.320***				
F		18.684***				
R^2(Adj R^2)		.333(.315)				

남=1, 여=0; ※ 있음=1, 없음=0, *p<.05, ***p<.001

조를 구성하여 실습 데이터나 관심 있는 패널 데이터를 이용하여 가상의 연구주제를 만들고, 이에 따른 다중회귀분석을 수행하고 결과를 제시하라.

- 연구주제:

- 회귀분석 결과:

(n=　　　　　　)

요인	변인	B	β	t	공차	VIF
상수						
F						
R^2(Adj R^2)						

(　　　　　　　　　　　　　　　　　　　　)

2. 위계적 회귀분석

위계적 회귀분석(hierarchical multiple regression analysis)은 이론을 바탕으로 하여 연구자가 종속변수에 영향요인이라고 선정한 변인들을 단계별로 투입해 가면서 독립변수들 가운데 가장 큰 영향력이 있는 변수가 무엇인지 확인하는 분석이다.

[분석의 기본 가정]

- 다중회귀분석에서 제시하는 모든 기본 가정을 그대로 적용한다.
- 다중회귀분석과는 달리 위계적 회귀분석은 〈표 14-2〉와 같이 단계별 수행을 하게 된다. 단계 개수 지정은 연구의 목적에 따라 가감될 수 있다.

표 14-2 위계적 회귀분석의 단계

단계	독립변수	종속변수
1단계	독립변수 1	종속변수
2단계	독립변수 1 + 독립변수 2	
3단계	독립변수 1 + 독립변수 2 + 독립변수 3	

- 단계별 수행을 통해 단계가 진행될수록 설명력의 변화량을 살펴본다. 선행연구 고찰을 통해 종속변수의 영향요인을 도출하되, 가장 마지막 단계에서는 가장 강조하고 싶은 독립변수 혹은 단계를 투입하도록 한다. 즉, 마지막 단계는 가장 핵심적인 변수인 다른 요인들을 통제한 상태에서도 종속변수에 미치는 영향력이 유의한지를 살펴본다.

SPSS 분석과정

SPSS 상단에 메뉴바에 분석(A) → 회귀분석(R) → 선형(L) → 화살표를 이용하여 확인하고자 하는 독립변수(I), 종속변수(D)를 오른쪽 변수칸에 각각 이동/각 단계별로 해당변인을 넣되, 한 단계 변수 투입 후 블록(B)에서 '다음' → 두 번째 단계 블록에 해당 변수 투입 후 '다음' → 방법은 입력으로 선택 → 통계량(S) 버튼 눌러 모형적합(M), 공선성 진단(L), R 제곱 변화량(S), 추정값 체크(E) → 계속 → 확인 → '출력결과' 창 확인

[그림 14-6] 위계적 다중회귀분석(계속)

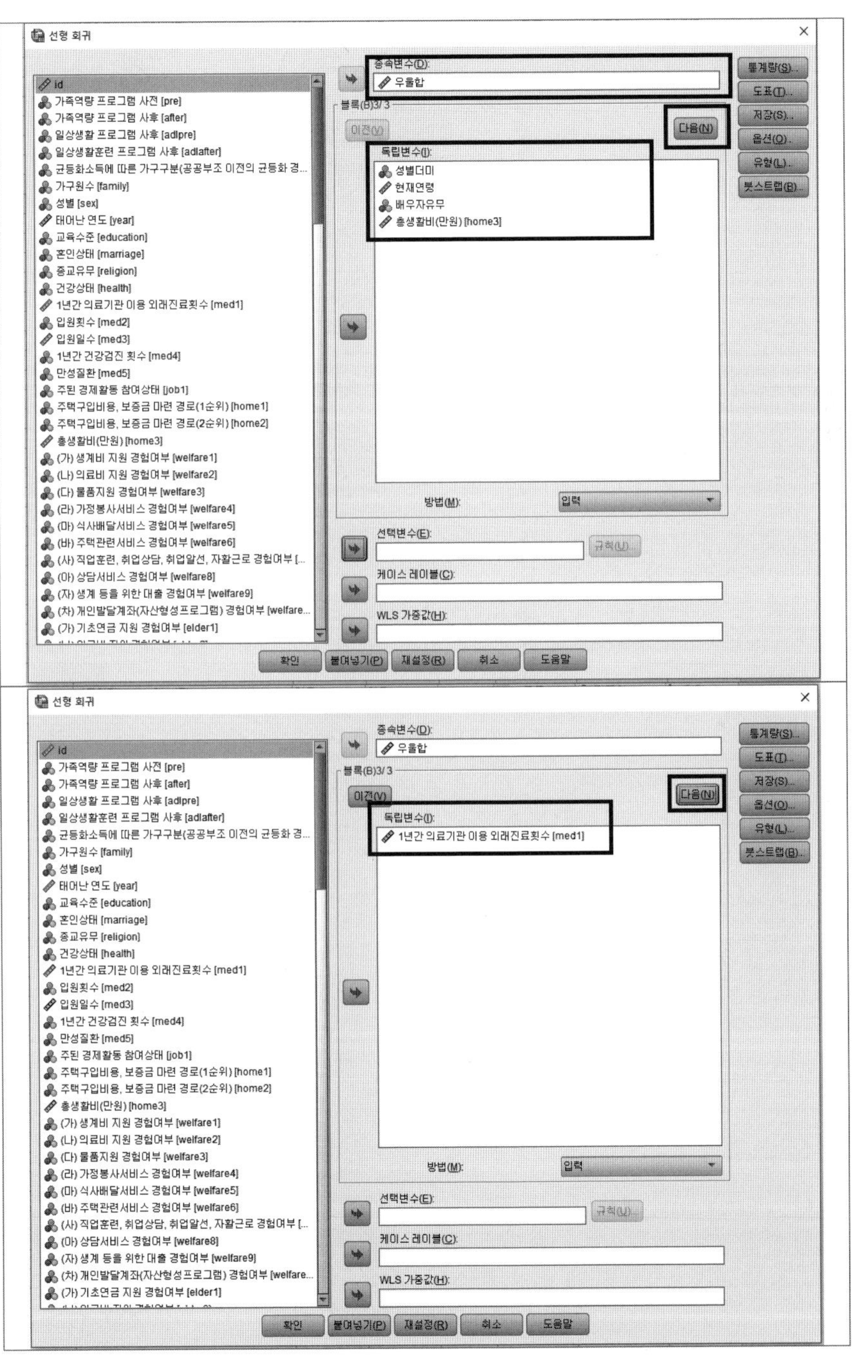

[그림 14-6] 위계적 다중회귀분석(계속)

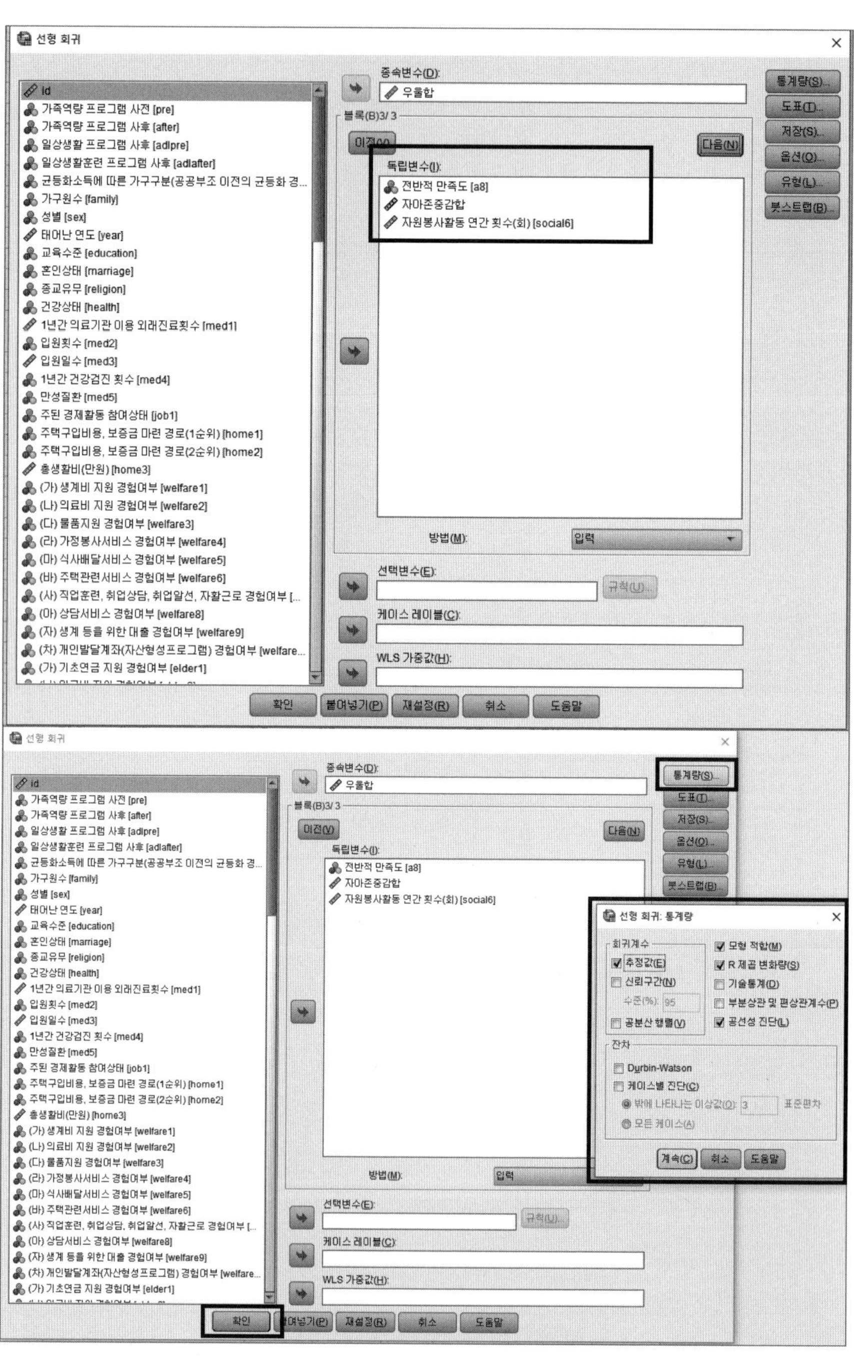

[그림 14-6] 위계적 다중회귀분석

```
REGRESSION
  /MISSING LISTWISE
  /STATISTICS COEFF OUTS R ANOVA COLLIN TOL CHANGE
  /CRITERIA=PIN(.05) POUT(.10)
  /NOORIGIN
  /DEPENDENT 우울합
  /METHOD=ENTER 성별더미 현재연령 배우자유무 home3
  /METHOD=ENTER med1
  /METHOD=ENTER a8 자아존중감합 social6.
```

➜ 회귀

입력/제거된 변수[a]

모형	입력된 변수	제거된 변수	방법
1	총생활비(만원), 성별더미, 배우자유무, 현재연령[b]	.	입력
2	1년간 의료기관 이용 외래진료횟수[b]	.	입력
3	자아존중감합, 자원봉사활동 연간 횟수(회), 전반적 만족도[b]	.	입력

a. 종속변수: 우울합

b. 요청된 모든 변수가 입력되었습니다.

모형 요약

모형	R	R 제곱	수정된 R 제곱	추정값의 표준오차	통계량 변화량				
					R 제곱 변화량	F 변화량	자유도1	자유도2	유의확률 F 변화량
1	.221[a]	.049	.036	4.29558	.049	3.880	4	303	.004
2	.327[b]	.107	.092	4.16827	.059	19.792	1	302	.000
3	.577[c]	.333	.315	3.62011	.226	33.794	3	299	.000

a. 예측자: (상수), 총생활비(만원), 성별더미, 배우자유무, 현재연령

b. 예측자: (상수), 총생활비(만원), 성별더미, 배우자유무, 현재연령, 1년간 의료기관 이용 외래진료횟수

c. 예측자: (상수), 총생활비(만원), 성별더미, 배우자유무, 현재연령, 1년간 의료기관 이용 외래진료횟수, 자아존중감합, 자원봉사활동 연간 횟수(회), 전반적 만족도

[그림 14-7] 위계적 다중회귀분석 출력결과(계속)

ANOVA[a]

모형		제곱합	자유도	평균제곱	F	유의확률
1	회귀	286.346	4	71.586	3.880	.004[b]
	잔차	5590.966	303	18.452		
	전체	5877.312	307			
2	회귀	630.226	5	126.045	7.255	.000[c]
	잔차	5247.086	302	17.374		
	전체	5877.312	307			
3	회귀	1958.857	8	244.857	18.684	.000[d]
	잔차	3918.454	299	13.105		
	전체	5877.312	307			

a. 종속변수: 우울합

b. 예측자: (상수), 총생활비(만원), 성별더미, 배우자유무, 현재연령

c. 예측자: (상수), 총생활비(만원), 성별더미, 배우자유무, 현재연령, 1년간 의료기관 이용 외래진료횟수

d. 예측자: (상수), 총생활비(만원), 성별더미, 배우자유무, 현재연령, 1년간 의료기관 이용 외래진료횟수, 자아존중감합, 자원봉사활동 연간 횟수(회), 전반적 만족도

계수[a]

모형		비표준화 계수		표준화 계수			공선성 통계량	
		B	표준화 오류	베타	t	유의확률	공차	VIF
1	(상수)	13.620	1.148		11.868	.000		
	성별더미	-.465	.522	-.052	-.890	.374	.921	1.086
	현재연령	.041	.020	.166	2.028	.043	.470	2.128
	배우자유무	-1.664	.794	-.160	-2.095	.037	.541	1.849
	총생활비(만원)	-.002	.001	-.133	-2.073	.039	.764	1.309
2	(상수)	13.902	1.115		12.463	.000		
	성별더미	-.407	.507	-.045	-.803	.423	.920	1.087
	현재연령	.019	.020	.078	.956	.340	.443	2.260
	배우자유무	-1.489	.772	-.143	-1.930	.055	.539	1.854
	총생활비(만원)	-.002	.001	-.126	-2.020	.044	.764	1.309
	1년간 의료기관 이용 외래진료횟수	.048	.011	.256	4.449	.000	.896	1.116
3	(상수)	32.320	2.168		14.911	.000		
	성별더미	-.467	.441	-.052	-1.057	.291	.916	1.092
	현재연령	4.789E-5	.018	.000	.003	.998	.426	2.346
	배우자유무	-.326	.681	-.031	-.478	.633	.522	1.914
	총생활비(만원)	-.001	.001	-.052	-.950	.343	.748	1.338
	1년간 의료기관 이용 외래진료횟수	.036	.009	.190	3.766	.000	.873	1.146
	전반적 만족도	-1.862	.378	-.276	-4.928	.000	.710	1.408
	자아존중감합	-.352	.065	-.296	-5.433	.000	.753	1.329
	자원봉사활동 연간 횟수(회)	-.014	.007	-.102	-2.078	.039	.931	1.074

a. 종속변수: 우울합

[그림 14-7] 위계적 다중회귀분석 출력결과

[분석결과 해석]

유의확률 판단기준
$*p<.05$, $**p<.01$, $***p<.001$

해석은 다중회귀분석의 방식을 그대로 따른다. 다만 위계적 회귀분석은 각 단계별 누적적으로 분석이 시행되는 것이므로 단계별로 변수가 추가 투입될 때마다 설명력이 얼마나 상승되었는지를 추가로 제시한다.

위계적 회귀분석의 실습은 앞서 다중회귀분석에서 실시한 모형을 그대로 사용하되, 위계적으로 적용하는 것만 달리하여 분석하고자 한다(블록 버튼 사용).

[보고서 작성]

"복지패널 대상자의 인구사회학적 요인, 신체적 요인, 심리사회적 요인이 우울에 미치는 영향에 관한 연구"

복지패널 대상자의 우울 영향요인을 알아보고자 3단계로 나뉜 위계적 다중회귀분석을 이용하여 분석하였다. 1단계에서는 인구사회학적 요인, 2단계에서는 신체적 요인, 마지막 3단계에서는 이 연구의 주된 변인인 심리사회적 요인을 투입하여 분석하였다. 명목변수인 성별, 배우자 유무는 더미화하여 모형에 투입하였고, 다중공선성의 문제는 없는 것으로 나타났다.

첫째, Model 1에서는 성별, 연령, 학력, 배우자 유무, 생활비를 독립변수로 하여 회귀분석을 실시하였고, 이들 변수가 우울을 4.9% 설명하고 있었다. 분석결과, 연령, 배우자 유무, 생활비가 우울에 영향력이 있었다. 즉, 연령이 높을수록(β=.166, $p<.05$) 배우자가 없는 경우(β=−.160, $p<.05$) 우울이

높아졌고, 생활비 지출이 많을수록(β=−.133, p<.05) 우울이 낮아지는 것으로 분석되었다.

둘째, Model 2에서는 1년간 외래진료횟수가 우울에 영향을 미치는 정도를 파악하기 위해 Model 1에 추가하여 분석한 결과, 이들 변수가 우울의 10.7%를 설명하는 것으로 나타났으며, 우울에 대한 설명력이 5.8% 증가하였다. Model 2에서는 생활비, 1년간 외래진료횟수가 우울에 대한 영향력이 유의하였다. 즉, 생활비 지출이 많을수록(β=−.126, p<.05) 우울은 낮아지고, 지난 1년간 외래진료를 많이 받을수록(β=.256, p<.001) 우울이 높아지는 것으로 분석되었다.

셋째, Model 3에서는 삶의 만족도, 자아존중감, 자원봉사횟수 등의 심리사회적 요인이 우울에 영향을 미치는 정도를 파악하기 위해서 Model 2에 추가하여 분석하였다. 분석결과, 이들 변수가 우울에 대한 33.3%를 설명하였으며, Model 2에서보다 우울에 대한 설명력이 22.6% 증가하였다. 심리사회적 요인 투입 후 설명력이 많이 상승한 것은 우울에 심리사회적 요인이 큰 영향력이 있음을 의미하는 것이라 할 수 있겠다. 분석결과, 1년간 외래치료횟수, 삶의 만족도, 자아존중감, 자원봉사횟수가 우울에 영향력이 있었다. 자아존중감, 삶의 만족도, 1년간 외래진료횟수, 자원봉사횟수의 순으로 우울에 대한 영향력이 큰 것으로 나타났다. 즉, 자아존중감이 낮을수록(β=−.296, p<.001), 삶의 만족도가 낮을수록(β=−.276, p<.001), 1년간 외래진료횟수가 많을수록(β=.190, p<.001), 자원봉사횟수가 적을수록(β=−.102, p<.05) 우울이 높아지는 것으로 나타났다.

이러한 회귀분석 결과를 통해 복지패널 대상자의 우울경감을 위해서는 신체적 질병으로 외래진료를 많이 받는 대상자들을 위한 보건서비스 정책이 필요함을 제안할 수 있다. 무엇보다도 대상자들에게 심리사회적 개입이 가장 중점적으로 이루어져야 하는데, 삶의 만족도 증진과 자아존중감 증진을 위한 심리사회적 개입이 이루어져야 하겠다. 또한 자원봉사활동이 보다 활성화될 수 있는 사회적인 분위기를 조성하는 데 힘써야 할 것이다.

표 14-2 복지패널 대상자의 우울 영향요인(n=14,923)

요인	변인	Model 1		Model 2		Model 3		VIF
		B	β	B	β	B	β	
인구사회학적 요인	남자#	−.465	−.052	−.407	−.045	−.467	−.052	1.092
	연령	.041*	.166	.019	.078	4.789E−5	.000	2.346
	배우자있음※	−1.664*	−.160	−1.489	−.143	−.326	−.031	1.914
	생활비	−.002*	−.133	−.002*	−.126	−.001	−.052	1.338
신체적 요인	1년간 외래진료횟수			.048***	.256	.036***	.190	1.146
심리사회적 요인	삶의 만족도					−1.862***	−.276	1.408
	자아존중감					−.352***	−.296	1.329
	자원봉사횟수					−.014*	−.102	1.074
상수		13.620***		13.902***		32.320***		
F		3.880**		7.255***		18.684***		
R^2(Adj R^2)		.049(.036)		.107(.092)		.333(.315)		
변화된 R^2		.049		.058		.226		

남=1, 여=0; ※ 있음=1, 없음=0; *p<.05, **p<.01, ***p<.001

조를 구성하여 실습 데이터나 관심 있는 패널 데이터를 이용하여 가상의 연구주제를 만들고, 이에 따른 위계적 다중회귀분석을 수행하고 결과를 제시하라(반드시 3단계는 아니어도 되며, 연구목적에 따라 단계가 가감될 수 있음).

- 연구주제:

- 회귀분석 결과:

(n=   )

요인	변인	Model 1		Model 2		Model 3		VIF
		B	β	B	β	B	β	
상수								
F								
R^2(Adj R^2)								
변화된 R^2								

(   )

조절회귀분석

만성질환으로 건강상의 어려움이 있는 청소년은 자아존중감이 낮을 수 있다. 그런데 건강상의 어려움이 있더라도 모든 청소년의 자아존중감이 낮은 것은 아니다. 어려움이 있는 환경을 극복하려는 내적인 힘을 가진 청소년은 자아존중감이 높았고, 그렇지 않은 경우는 자아존중감이 낮았다. 레질리언스(resilience, 자아탄력성)라는 내적인 힘의 높고 낮음에 따라 종속변수인 자아존중감의 영향력이 바뀌는 현상에 주목할 필요가 있다(김표민, 김윤화, 2013). 이처럼 독립변수와 종속변수 사이에서 중간적인 역할, 즉 레질리언스의 높고 낮음에 따라, 혹은 있고 없음에 따라 종속변수에 대한 독립변수의 영향력이 바뀌는 경우가 얼마든지 존재할 수 있는데, 이러한 변수를 '조절변수'라고 하며 상호작용(interaction)의 기능을 한다. 즉, 회귀분석에서 상호작용이란 어떤 독립변수가 다른 독립변수로부터 영향을 받아 종속변수에 미치는 영향력이 바뀌는 경우를 말한다. 이러한 조절효과를 확인하는 회귀분석을 조절회귀분석(moderated regression analysis)이라 한다.

모든 분석이 이론적인 고찰을 기반하여 변수가 선정되어야 하지만 조절회귀분석은 변수들 간의 관계에서 상호작용이 의심되는지에 대한 충분한 이론적 검토가 선행된 후 변수가 선정되어야 한다. 회귀식에서 상호작용 항의 개수의 증가는 통계적인 불안정성만 증가시킬 뿐이다. 따라서 충분한 선행 연구 검토를 통해 상호작용의 기능을 할 수 있는 변수를 선정하여 조절효과 검증을 수행하는 것이 바람직하다.

[분석의 기본 가정]

- 회귀분석에서 제시한 일반적인 조건들은 모두 동일하며, 위계적 회귀분석의 방식을 그대로 따른다.
- 조절회귀분석은 독립변수와 조절변수를 곱한 상호작용항(interaction term)을 만들어 이를 사용한다.
- 분석에는 독립변수, 조절변수, 독립과 조절을 곱한 상호작용항이 단계별로 모두 들어가야 한다.
- 조절효과 검증을 위한 3단계 회귀분석 절차는 다음과 같다.
  - 첫 번째 단계에서 독립변수가 종속변수에 통계적으로 유의한 영향을 미쳐야 한다(단순 주효과 검증).
  - 두 번째 단계에서는 조절변수가 종속변수에 통계적으로 유의한 영향을 미쳐야 한다(조절변수는 영향을 미치지 않아도 가능함).
  - 세 번째 단계에서는 독립변수와 조절변수의 상호작용항이 종속변수에 통계적으로 유의한 영향을 미쳐야 한다(상호작용 효과검증). 상호작용항이 통계적으로 유의하면 조절변수의 조절효과(독립이 종속변수에 미치는 효과를 조절)가 있음이 증명되는 것이다.

표 15-1 조절회귀분석의 단계

단계	단계별 변수 투입
1단계	독립변수
2단계	독립변수, 조절변수
3단계	독립변수, 조절변수, 상호작용변수(독립변수와 조절변수의 곱)

조절회귀분석 실습은 '만성질환을 가진 사람들의 삶의 만족도가 우울에 영향을 미치는 관계에서 복지서비스 지원이 조절의 기능을 수행하는지'를 알아보는 조절회귀모형으로 하고자 한다. 이 분석은 만성질환이 있는 대상자만 선별하여 분석한 모형으로 '케이스 선택하기' 작업을 통해 만성질환으로 현재 치료를 받고 있는 중이라고 응답한 7,643명을 추출하여 분석에 사용하였다. 만성질환 변수는 "med5"이며, 케이스 선택하기에서 "med5>=1"에 해당되는 대상자만 선택하여 작업을 수행한다. 작업 종료 후에는 케이스 선택하기를 해지하도록 한다. 만성질환자의 삶의 만족은 삶에 대한 전반적인 만족도를 확인하는 '전반적 만족도' 변수를 사용하였다.

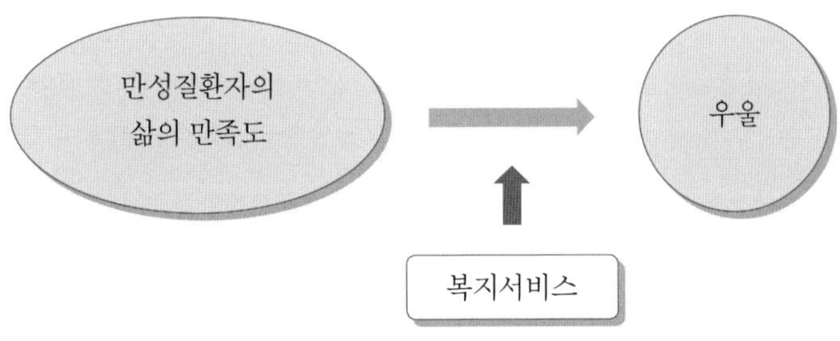

[그림 15-1] 조절효과 연구모형

친절한 TooMuchInformation

조절효과는 상호작용 항으로 인해 다중공선성의 문제가 발생할 수도 있다. 만약 다중공선성의 문제가 발생한다면, 센터링(centering)의 방법을 사용하여 재분석해 보자. 방법은 다음의 순서와 같다.

① 센터링한 독립변수 생성: 독립변수의 평균값을 기술통계로 구한 뒤, 독립변수에서 그 평균값을 뺀 변수를 생성한다.
[독립변수_센터링 식=독립변수−독립변수의 평균값]

② 센터링한 조절변수 생성: 조절변수의 평균값을 기술통계로 구한 뒤, 조절변수에서 그 평균값을 뺀 변수를 생성한다.
[조절변수_센터링 식=조절변수−조절변수의 평균값]

③ 센터링한 상호작용항 생성: ① × ②
(독립변수_센터링) × (조절변수_센터링)

④ 분석에 원변수 대신 ①, ②, ③의 새로 생성한 변수를 삽입하여 분석한다. 해석이나 결과 제시는 앞의 방법과 동일하다.

SPSS 분석과정

SPSS 상단에 메뉴바에 분석(A) → 회귀분석(R) → 선형(L) → 화살표를 이용하여 확인하고자 하는 독립변수(I), 종속변수(D), 조절변수를 오른쪽 변수 칸에 각각 이동/각 단계별로 해당 변인을 넣되, 한 단계 변수 투입 후 블록(B)에서 '다음' → 방법은 입력으로 선택 → 확인 → '출력결과' 창 확인

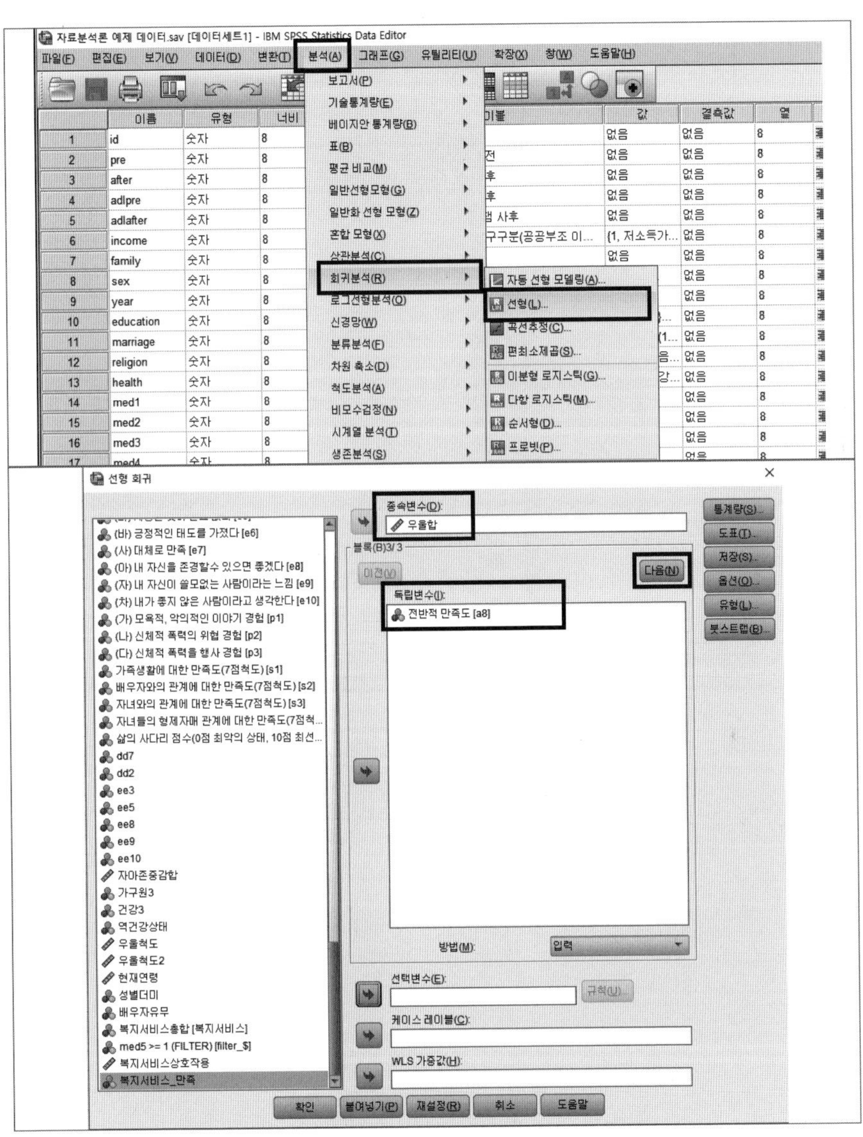

[그림 15-2] 조절회귀분석(계속)

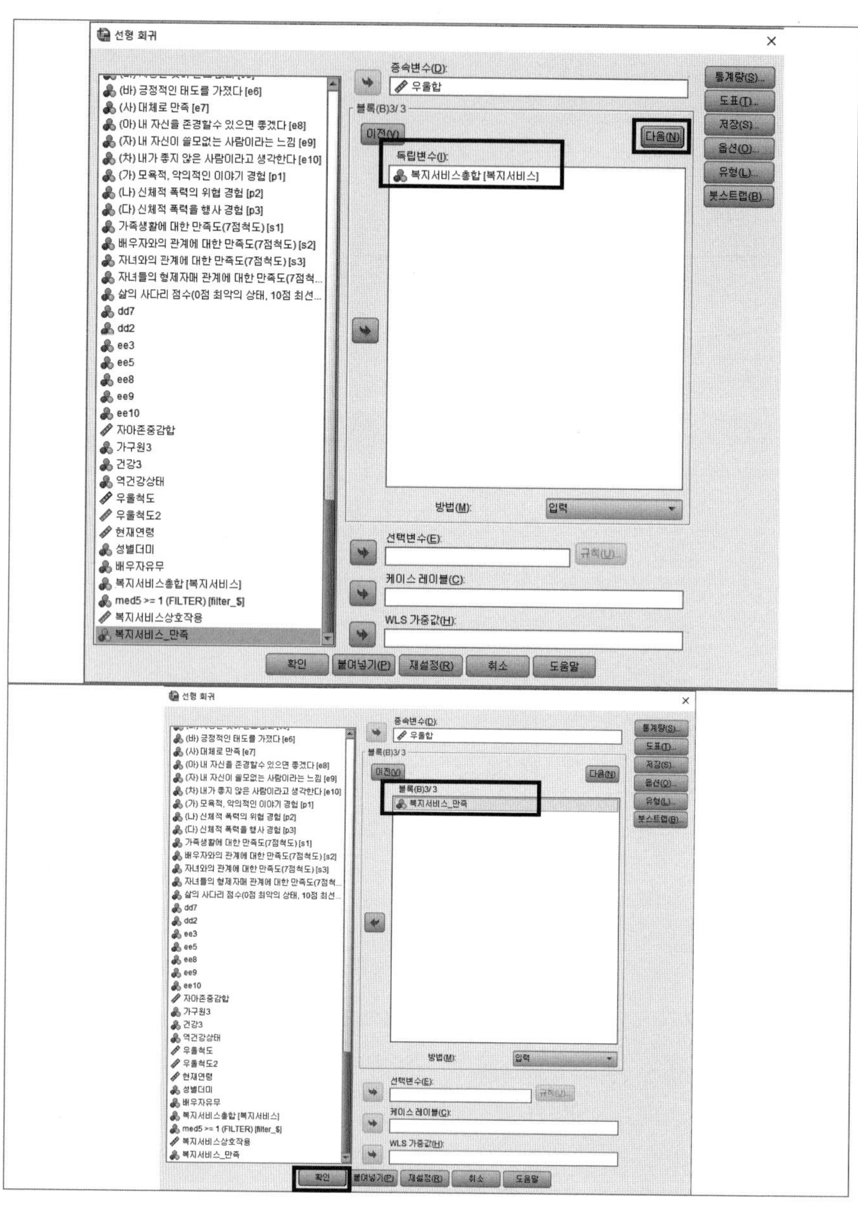

[그림 15-2] 조절회귀분석

```
REGRESSION
  /MISSING LISTWISE
  /STATISTICS COEFF OUTS R ANOVA
  /CRITERIA=PIN(.05) POUT(.10)
  /NOORIGIN
  /DEPENDENT 우울합
  /METHOD=ENTER a8
  /METHOD=ENTER 복지서비스
  /METHOD=ENTER 복지서비스_만족.
```

→ 회귀

입력/제거된 변수[a]

모형	입력된 변수	제거된 변수	방법
1	전반적 만족도[b]	.	입력
2	복지서비스총합[b]	.	입력
3	복지서비스_만족[b]	.	입력

a. 종속변수: 우울합

b. 요청된 모든 변수가 입력되었습니다.

모형 요약

모형	R	R 제곱	수정된 R 제곱	추정값의 표준오차
1	.468[a]	.219	.219	4.52313
2	.498[b]	.248	.248	4.43954
3	.502[c]	.252	.251	4.42892

a. 예측자: (상수), 전반적 만족도

b. 예측자: (상수), 전반적 만족도, 복지서비스총합

c. 예측자: (상수), 전반적 만족도, 복지서비스총합, 복지서비스_만족

ANOVA[a]

모형		제곱합	자유도	평균제곱	F	유의확률
1	회귀	39050.243	1	39050.243	1908.731	.000[b]
	잔차	138976.237	6793	20.459		
	전체	178026.480	6794			
2	회귀	44159.458	2	22079.729	1120.257	.000[c]
	잔차	133867.022	6792	19.710		
	전체	178026.480	6794			
3	회귀	44818.664	3	14939.555	761.626	.000[d]
	잔차	133207.816	6791	19.615		
	전체	178026.480	6794			

a. 종속변수: 우울합

b. 예측자: (상수), 전반적 만족도

c. 예측자: (상수), 전반적 만족도, 복지서비스총합

d. 예측자: (상수), 전반적 만족도, 복지서비스총합, 복지서비스_만족

[그림 15-3] 조절회귀분석 출력결과(계속)

계수[a]

모형		비표준화 계수 B	표준화 오류	표준화 계수 베타	t	유의확률
1	(상수)	27.965	.292		95.791	.000
	전반적 만족도	-3.586	.082	-.468	-43.689	.000
2	(상수)	25.760	.318		81.116	.000
	전반적 만족도	-3.291	.083	-.430	-39.827	.000
	복지서비스총합	.725	.045	.174	16.100	.000
3	(상수)	23.371	.520		44.952	.000
	전반적 만족도	-2.623	.142	-.343	-18.529	.000
	복지서비스총합	2.025	.229	.485	8.856	.000
	복지서비스_만족	-.374	.064	-.310	-5.797	.000

a. 종속변수: 우울합

제외된 변수[a]

모형		베타 입력	t	유의확률	편상관계수	공선성 통계량 공차
1	복지서비스총합	.174[b]	16.100	.000	.192	.951
	복지서비스_만족	.154[b]	14.602	.000	.174	.997
2	복지서비스_만족	-.310[c]	-5.797	.000	-.070	.039

a. 종속변수: 우울합

b. 모형내의 예측자: (상수), 전반적 만족도

c. 모형내의 예측자: (상수), 전반적 만족도, 복지서비스총합

[그림 15-3] 조절회귀분석 출력결과

[분석결과 해석]

유의확률 판단기준

$^{*}p<.05$, $^{**}p<.01$, $^{***}p<.001$

해석은 위계적 회귀분석 방식과 동일하다. 먼저 독립변수가 종속변수에 영향을 미치는지에 관한 단순 주효과를 검증하고, 이어 조절변수가 종속변수에 영향을 미치는지를 확인한다. 마지막으로는 상호작용 항이 종속변수에 통계적으로 영향력을 미치는지를 검증한다. 상호작용 항이 통계적으로 유의하다면 조절효과가 있는 것이다. 이때 각 단계별 설명력이 증가하고 있는지

도 함께 확인하도록 한다(설명력이 증가해야 조절효과가 있음). 최종적으로는 독립변수가 종속변수에 영향을 미치는 관계에서 조절변수가 어떠한 기능을 하는지에 관한 현상을 선행연구와 연관 지어 잘 설명하도록 한다.

[보고서 작성]

"만성질환자의 삶의 만족도가 우울에 미치는 영향
-복지서비스의 조절효과를 중심으로-"

만성질환자의 삶의 만족도가 우울에 미치는 영향에서 복지서비스가 조절의 역할을 하는지를 파악하기 위해 독립변수, 조절변수, 상호작용 항을 투입한 3단계의 위계적 회귀분석 방법으로 분석하였다. 세 모형 모두 다중공선성의 문제는 없는 것으로 나타났다. 각 단계별 분석결과는 다음과 같다.

첫째, Model 1은 만성질환자의 삶의 만족도가 우울에 영향을 미치는 영향력을 파악한 결과로, 우울에 대한 21.9%를 삶의 만족도가 설명하였다. 회귀분석결과, 삶의 만족도가 낮을수록(β=-.468, p<.001) 우울이 높아지는 것으로 분석되었다.

둘째, Model 2에서는 복지서비스를 Model 1에 추가하였다. 이 결과 우울에 대한 24.8%를 2가지의 변수들이 설명하였고, Model 1에서보다 우울에 대한 설명력이 2.9% 증가하였다. 회귀분석결과 삶의 만족도가 낮을수록(β=-.430, p<.001), 복지서비스를 많이 받을수록(β=.174, p<.001) 우울이 높아지는 것으로 분석되었다.

셋째, Model 3에서는 상호작용 항을 Model 2에 추가하였다. 이를 분석한 결과 우울에 대한 25.2%를 3가지의 변수들이 설명하였고, Model 2에서보다 우울에 대한 설명력이 0.4% 증가하였다. 회귀분석결과, 삶의 만족도가 낮을수록(β=-.343, p<.001), 복지서비스를 많이 받을수록(β=.485, p<.001) 우울

이 높아지는 것으로 분석되었다. 조절효과를 살펴본 결과, 상호작용 항이 유의하여 복지서비스가 만성질환자들의 우울을 조절하고 있는 것을 알 수 있었다(β=−.310, p < .001). 즉, 만성질환을 가진 대상자들의 삶의 만족도가 우울에 미치는 영향은 복지서비스의 지원 수준에 따라 달라짐을 확인할 수 있었다. 따라서 만성질환 대상자들이 경험하는 우울과 같은 부정적 정신건강 문제를 완화하기 위해서는 양적으로 많이 제공되는 복지서비스 지원보다는 만성질환자들의 실질적인 욕구에 기반한 양질의 복지서비스가 지원되어야 한다.

표 15-1 만성질환자의 삶의 만족도와 우울의 관계에서 복지서비스의 조절효과(n=7,643)

변인	Model 1		Model 2		Model 3	
	B	β	B	β	B	β
삶의 만족도	−3.586***	−.468	−3.291***	−.430	−2.623***	−.343
복지서비스 총합			.725***	.174	2.025***	.485
상호작용항 (삶의 만족도× 복지서비스)					−.374***	−.310
상수	27.965***		25.760***		23.371***	
F	1908.731***		1120.257***		761.626***	
R^2(Adj R^2)	.219(.219)		.248(.248)		.252(.251)	
변화된 R^2	.219		.029		.004	

***p < .001

조를 구성하여 실습 데이터나 관심 있는 패널 데이터를 이용하여 가상의 연구주제를 만들고, 이에 따른 조절회귀분석을 수행하고 결과를 제시하라(독립과 종속 사이에서 조절의 역할을 하는 변인을 잘 모색할 것).

■ 연구주제:

■ 조절회귀분석 결과:

(*n*=)

요인	변인	Model 1		Model 2		Model 3	
		B	β	B	β	B	β
상수							
F							
R^2(Adj R^2)							
변화된 R^2							

( )

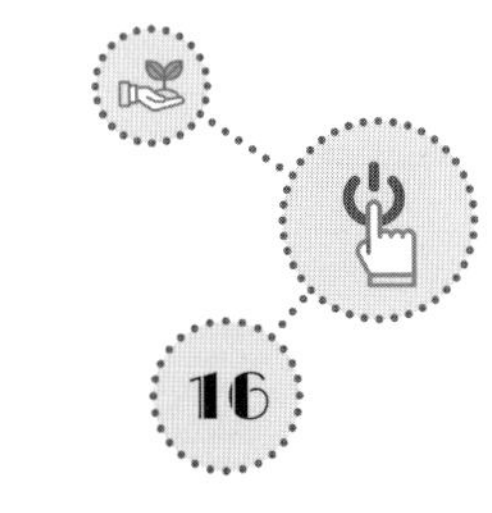

매개회귀분석

장애가 있는 미숙아를 자녀로 둔 어머니는 자녀에 대한 걱정으로 우울감이 클 것이다. 한편, 어머니들이 경험하는 우울은 양육스트레스라는 중간 매개체를 거쳐 우울에 이른다는 선행연구가 있다. 즉, 미숙아 자녀의 장애 유무는 어머니의 우울감에 직접적인 영향을 미치기도 하지만, 양육스트레스라는 징검다리를 걸쳐 가는 관계도 성립할 수 있다(이채원, 김윤화, 2013). 이처럼 독립변수와 종속변수 사이에서 중간에 매개적인 기능을 수행하는 변수를 '매개변수'라고 하며, 이를 경로분석으로 확인하는 분석을 매개회귀분석(mediated regression analysis)이라고 한다. 매개효과를 검정하는 방법은 구조방정식을 이용한 AMOS 분석을 통해서도 할 수 있지만, SPSS를 이용한 경로분석을 통해서도 수행할 수 있다. 이 책에서는 SPSS를 이용하여 Baron과 Kenny(1986)가 제시한 경로분석으로 매개효과를 분석하고자 한다.

모든 분석이 이론적인 고찰을 기반하여 변수가 선정되어야 하지만, 특히 매개회귀분석은 독립변수와 종속변수, 독립변수와 매개변수, 매개변수와 종속변수 간의 이론적인 탄탄한 관계가 기반이 되어야 한다. 이를 기반으로 한 경로분석은 위계적 회귀분석과 방법적으로는 동일하나 다음의 순서를 반드시 따라야 한다.

[분석의 기본 가정]

매개효과 검증을 위해서는 다음의 세 단계가 모두 충족되어야 수행 가능하다.

① 독립변수 → 종속변수 간의 유의성 검정(반드시 유의한 영향관계여야 함)
② 독립변수 → 매개변수 간의 유의성 검정(반드시 유의한 영향관계여야 함)
③ 독립변수, 매개변수 → 종속변수 간의 유의성 검정(반드시 유의한 영향관계여야 함)
④ '①과 ③'의 β(베타)값 비교(①보다 ③의 β값이 작아져야 매개효과 인정)

즉, 매개변인을 통제한 ③의 분석에서 독립변수의 영향이 통계적으로 유의하지 않은 경우 "완전매개의 효과가 있다."라고 하고, 독립변수의 베타 값은 작아져 영향이 줄어들었지만, 여전히 독립변수가 통계적으로 유의한 경우는 "부분매개 효과가 있다."라고 한다.

최종에는 매개효과의 유의도를 검증하기 위한 소벨테스트(Sobel test)를 실시한다. 매개효과가 통계적으로 유의한지를 확인하기 위해 사용하는 검증으로 소벨테스트는 별도의 사이트(https://www.danielsoper.com/statcalc/calculator.aspx?id=31)를 방문하여 확인할 수 있다.

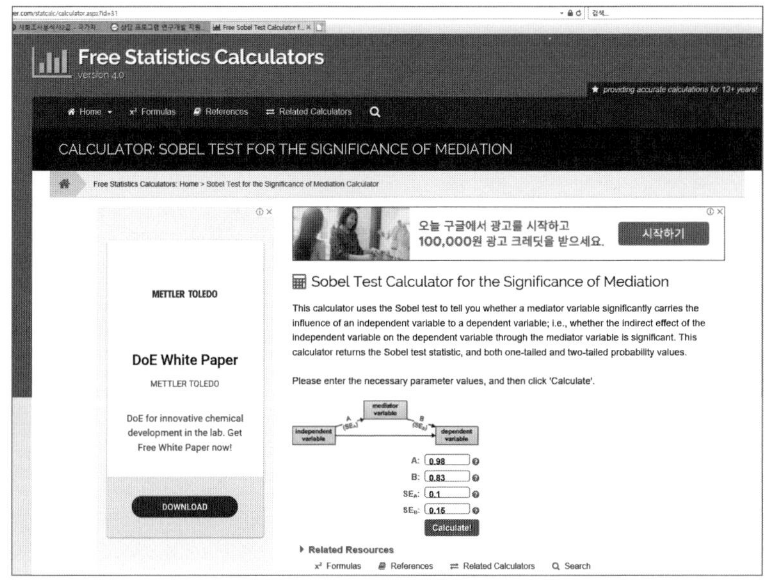

[그림 16-1] 소벨테스트 검증 사이트

여기에는 4개의 값을 입력하게 되어 있는데, A, B, SEA, SEB의 값을 입력 후 계산(calculate)을 누르면 소벨테스트의 결과가 제시된다. 양방향 검증을 원칙으로 하므로 two-tailed probability(양측 검증 유의확률)의 값을 확인하는데 0.05 미만이면 매개효과의 유의성이 입증된다고 판단한다.

매개회귀분석 실습은 '복지패널 대상자의 여가생활 만족도('a7')와 삶의 만족도('a8')의 관계에서 우울(역처리한 합점수)이 매개효과의 기능을 수행하는지'를 알아보는 매개효과 연구모형을 설정하였다.

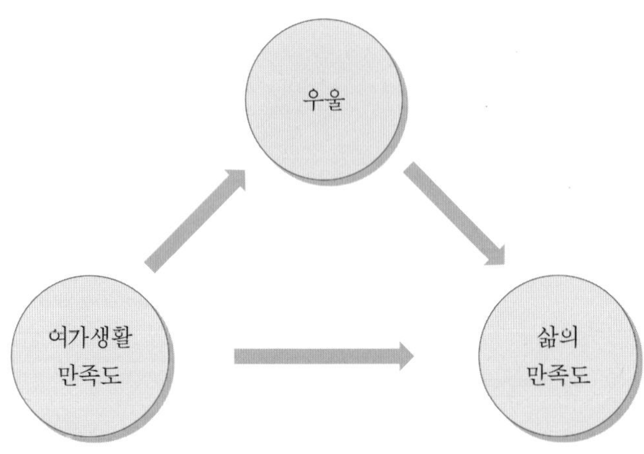

[그림 16-2] 매개효과 연구모형

SPSS 분석과정

SPSS 상단에 메뉴바에 분석(A) → 회귀분석(R) → 선형(L) → 화살표를 이용하여 확인하고자 하는 변수를 투입하되, 총 3단계에 걸쳐 투입 / ① 독립변수 → 독립변수 투입(여가생활 만족도), 종속변수 → 종속변수(삶의 만족도) 투입 / ② 독립변수 → 독립변수 투입(여가생활 만족도), 종속변수 → 매개변수(우울) 투입 / ③ 독립변수 → 독립변수 투입(여가생활 만족도), 종속변수 → 종속변수(삶의 만족도) 투입, 블록(B)에서 '다음' 독립변수 → 매개변수(우울) 투입 → 방법은 입력으로 선택 → 확인 → '출력결과' 창 확인

[그림 16-3] 매개회귀분석(계속)

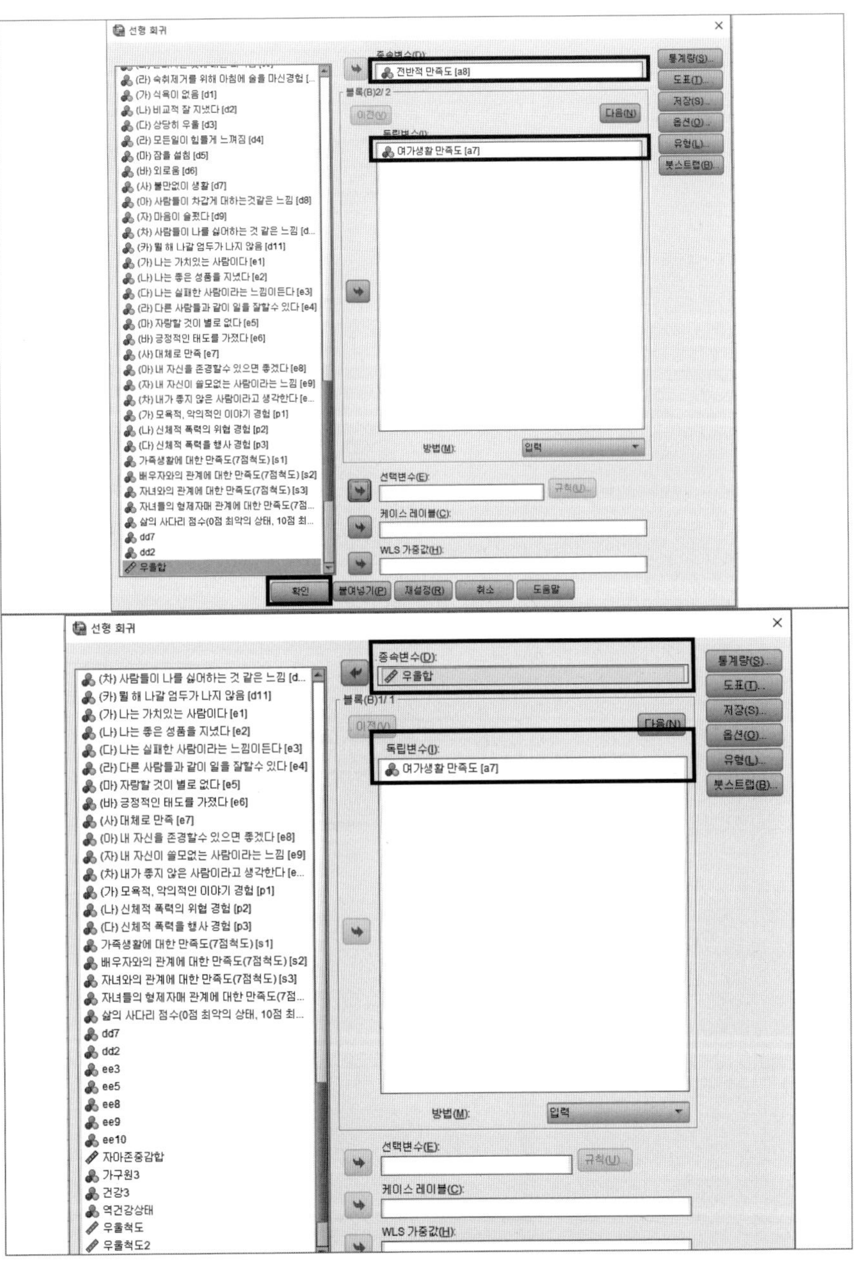

[그림 16-3] 매개회귀분석(계속)

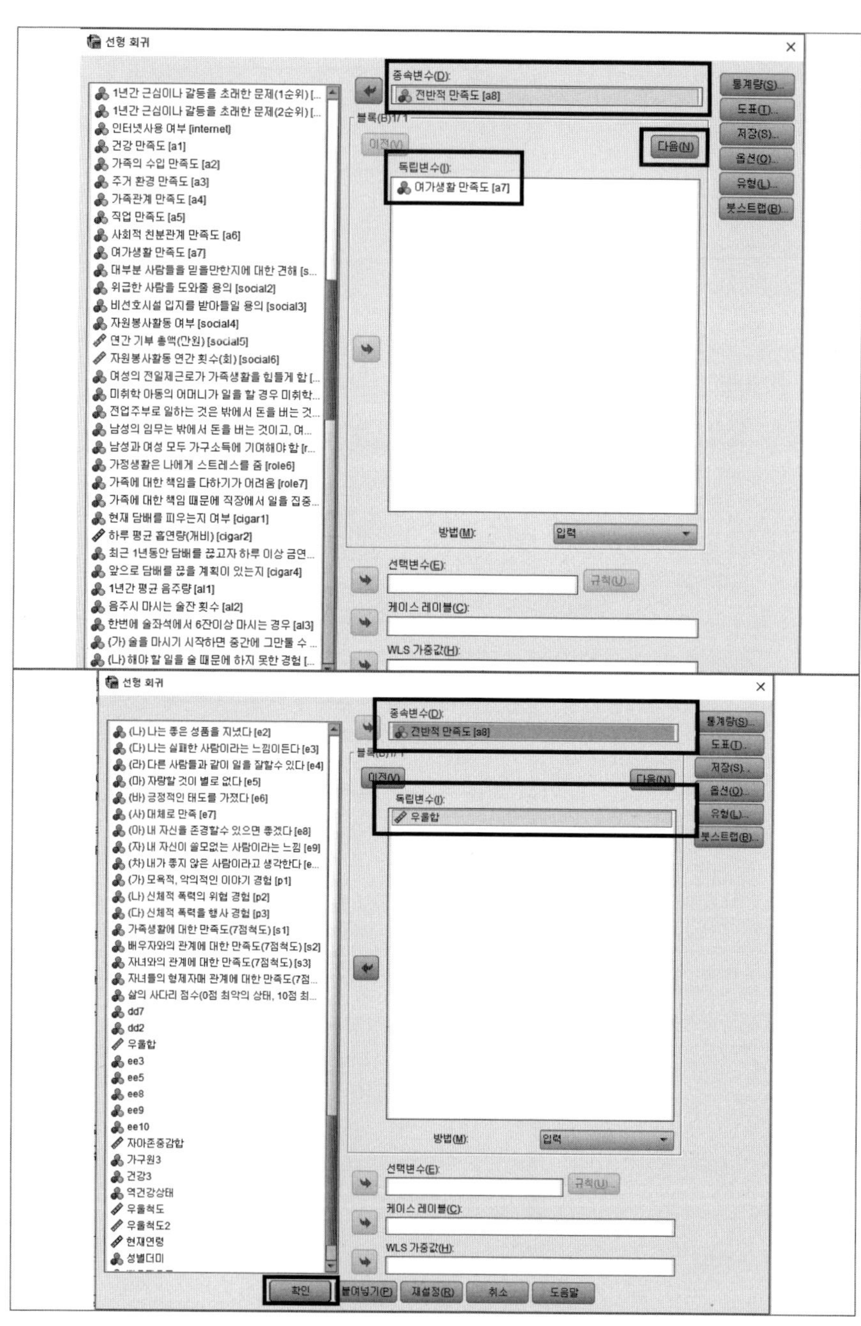

[그림 16-3] 매개회귀분석

```
REGRESSION
  /MISSING LISTWISE
  /STATISTICS COEFF OUTS R ANOVA
  /CRITERIA=PIN(.05) POUT(.10)
  /NOORIGIN
  /DEPENDENT a8
  /METHOD=ENTER a7.
```

회귀

입력/제거된 변수[a]

모형	입력된 변수	제거된 변수	방법
1	여가생활 만족도[b]	.	입력

a. 종속변수: 전반적 만족도

b. 요청된 모든 변수가 입력되었습니다.

모형 요약

모형	R	R 제곱	수정된 R 제곱	추정값의 표준오차
1	.627[a]	.393	.393	.505

a. 예측자: (상수), 여가생활 만족도

ANOVA[a]

모형		제곱합	자유도	평균제곱	F	유의확률
1	회귀	1931.544	1	1931.544	7586.426	.000[b]
	잔차	2979.391	11702	.255		
	전체	4910.935	11703			

a. 종속변수: 전반적 만족도

b. 예측자: (상수), 여가생활 만족도

계수[a]

모형		비표준화 계수		표준화 계수	t	유의확률
		B	표준화 오류	베타		
1	(상수)	1.791	.021		85.136	.000
	여가생활 만족도	.529	.006	.627	87.100	.000

a. 종속변수: 전반적 만족도

[그림 16-4] 매개회귀분석 출력결과(계속)

```
REGRESSION
  /MISSING LISTWISE
  /STATISTICS COEFF OUTS R ANOVA
  /CRITERIA=PIN(.05) POUT(.10)
  /NOORIGIN
  /DEPENDENT 우울합
  /METHOD=ENTER a7.
```

회귀

입력/제거된 변수[a]

모형	입력된 변수	제거된 변수	방법
1	여가생활 만족도[b]	.	입력

a. 종속변수: 우울합

b. 요청된 모든 변수가 입력되었습니다.

모형 요약

모형	R	R 제곱	수정된 R 제곱	추정값의 표준오차
1	.323[a]	.104	.104	4.45538

a. 예측자: (상수), 여가생활 만족도

ANOVA[a]

모형		제곱합	자유도	평균제곱	F	유의확률
1	회귀	26998.787	1	26998.787	1360.111	.000[b]
	잔차	232289.747	11702	19.850		
	전체	259288.534	11703			

a. 종속변수: 우울합

b. 예측자: (상수), 여가생활 만족도

계수[a]

모형		비표준화 계수		표준화 계수	t	유의확률
		B	표준화 오류	베타		
1	(상수)	21.192	.186		114.079	.000
	여가생활 만족도	-1.977	.054	-.323	-36.880	.000

a. 종속변수: 우울합

[그림 16-4] 매개회귀분석 출력결과(계속)

```
REGRESSION
  /MISSING LISTWISE
  /STATISTICS COEFF OUTS R ANOVA
  /CRITERIA=PIN(.05) POUT(.10)
  /NOORIGIN
  /DEPENDENT a8
  /METHOD=ENTER a7
  /METHOD=ENTER 우울합.
```

◆ 회귀

입력/제거된 변수[a]

모형	입력된 변수	제거된 변수	방법
1	여가생활 만족도[b]	.	입력
2	우울합[b]	.	입력

a. 종속변수: 전반적 만족도

b. 요청된 모든 변수가 입력되었습니다.

모형 요약

모형	R	R 제곱	수정된 R 제곱	추정값의 표준오차
1	.627[a]	.393	.393	.505
2	.680[b]	.462	.462	.475

a. 예측자: (상수), 여가생활 만족도

b. 예측자: (상수), 여가생활 만족도, 우울합

ANOVA[a]

모형		제곱합	자유도	평균제곱	F	유의확률
1	회귀	1931.544	1	1931.544	7586.426	.000[b]
	잔차	2979.391	11702	.255		
	전체	4910.935	11703			
2	회귀	2268.816	2	1134.408	5023.886	.000[c]
	잔차	2642.119	11701	.226		
	전체	4910.935	11703			

a. 종속변수: 전반적 만족도

b. 예측자: (상수), 여가생활 만족도

c. 예측자: (상수), 여가생활 만족도, 우울합

[그림 16-4] 매개회귀분석 출력결과(계속)

회귀

입력/제거된 변수[a]

모형	입력된 변수	제거된 변수	방법
1	여가생활 만족도[b]	.	입력
2	우울함[b]	.	입력

a. 종속변수: 전반적 만족도

b. 요청된 모든 변수가 입력되었습니다.

모형 요약

모형	R	R 제곱	수정된 R 제곱	추정값의 표준오차
1	.627[a]	.393	.393	.505
2	.680[b]	.462	.462	.475

a. 예측자: (상수), 여가생활 만족도

b. 예측자: (상수), 여가생활 만족도, 우울함

ANOVA[a]

모형		제곱합	자유도	평균제곱	F	유의확률
1	회귀	1931.544	1	1931.544	7586.426	.000[b]
	잔차	2979.391	11702	.255		
	전체	4910.935	11703			
2	회귀	2268.816	2	1134.408	5023.886	.000[c]
	잔차	2642.119	11701	.226		
	전체	4910.935	11703			

a. 종속변수: 전반적 만족도

b. 예측자: (상수), 여가생활 만족도

c. 예측자: (상수), 여가생활 만족도, 우울함

계수[a]

모형		비표준화 계수		표준화 계수	t	유의확률
		B	표준화 오류	베타		
1	(상수)	1.791	.021		85.136	.000
	여가생활 만족도	.529	.006	.627	87.100	.000
2	(상수)	2.599	.029		90.249	.000
	여가생활 만족도	.454	.006	.538	75.070	.000
	우울함	-.038	.001	-.277	-38.648	.000

a. 종속변수: 전반적 만족도

[그림 16-4] 매개회귀분석 출력결과

[분석결과 해석]

유의확률 판단기준

$^*p<.05$, $^{**}p<.01$, $^{***}p<.001$

매개분석은 다중회귀분석의 방식을 그대로 따른다. 총 3단계에 걸쳐 진행하는데, 먼저 여가생활 만족도와 삶의 만족도 간의 관계가 유의미한지를 회귀계수를 통해 알아보고, 두 번째로는 여가생활 만족도가 우울과의 회귀계수가 유의한지를 알아본다. 세 번째로 여가생활 만족도와 우울을 단계적으로 투입한 모형에서 이들 두 변수와 삶의 만족도 간의 회귀계수가 유의한지를 알아보도록 한다. 이러한 분석과정을 통해 여가생활 만족도가 우울과 삶의 만족도에 유의한 영향력이 있는지를 알아보고 여가생활 만족도가 삶의 만족도에 미치는 영향이 우울에 의해 매개되는지를 확인하고 이러한 매개효과가 통계적으로 유의미한지를 검증한다. 마지막으로는 매개효과의 유의성 검증을 위해 소벨테스트를 실시한다.

표 16-1 소벨테스트 입력 값

입력 값	설명	해당 값
A	독립변수 → 매개변수 모형에서 독립변수의 비표준화된 회귀계수값	−1.977
B	매개변수 → 종속변수 모형에서 매개변수의 비표준화된 회귀계수값	−.038
SEA	독립변수 → 매개변수 모형에서 독립변수의 표준오차값	.054
SEB	매개변수 → 종속변수 모형에서 매개변수의 표준오차값	.001

[보고서 작성]

"여가생활 만족도가 삶의 만족도에 미치는 영향
-우울의 매개효과 분석을 중심으로-"

복지패널대상자의 여가생활 만족도가 삶의 만족도에 미치는 영향에서 우울이 매개의 역할을 하는지를 파악하기 위해 Baron과 Kenny(1986)의 접근법에 따라 독립변수, 종속변수, 매개변수를 투입하여 3번의 회귀분석을 실시하였다.

① 여가생활 만족도가 삶의 만족도에 미치는 영향

여가생활 만족도가 삶의 만족도에 미치는 영향력을 분석한 결과, 우울을 종속변수로 한 회귀모형의 F값(F=7586.426)이 p<.001 수준에서 통계적으로 유의한 것으로 나타나 회귀모형의 적합성이 검증되었다. 이 모형은 삶의 만족도 변량의 39.3%를 설명하는 것으로 나타났으며, 여가생활 만족도가 높을수록 삶의 만족도도 높아지는 것으로 분석되었다(β=.627, p<.001).

표 16-2 여가생활 만족도가 삶의 만족도에 미치는 영향(n=14,923)

변인	B	β
여가생활 만족도	.529***	.627
상수	1.791***	
F	7586.426***	
R^2(Adj R^2)	.393(.393)	

***p<.001

② 여가생활 만족도가 우울에 미치는 영향

여가생활 만족도가 우울에 미치는 영향력을 분석한 결과, 우울을 종속변수로 한 회귀모형의 *F*값(F=1360.111)이 p<.001 수준에서 통계적으로 유의한 것으로 나타나 회귀모형의 적합성이 검증되었다. 이 모형은 우울 변량의 10.4%를 설명하는 것으로 나타났으며, 여가생활 만족도가 높을수록 우울은 낮아지는 것으로 분석되었다(β=−.323, p<.001).

표 16-3 여가생활 만족도가 우울에 미치는 영향(n=14,923)

변인	B	β
여가생활 만족도	−1.977***	−.323
상수		21.192***
F		1360.111***
R^2(Adj R^2)		.104(.104)

***p<.001

③ 여가생활 만족도가 삶의 만족도에 미치는 영향에서 우울의 매개효과

여가생활 만족도가 삶의 만족도에 미치는 영향이 우울을 통해 매개되는지 알아보기 위해 표준화된 회귀계수의 변화폭을 살펴보았다. 여가활동 만족도의 회귀계수는 우울을 투입하였을 때 .627에서 .538으로 낮아졌으나, 통계적으로는 여전히 유의한 것을 볼 수 있다. 이는 우울이 여가생활 만족도와 삶의 만족도 사이에서 부분매개의 역할을 하고 있음을 의미하는 것이다. 이러한 우울의 매개효과가 통계적으로 유의한지를 검정하기 위해 소벨테스트를 실시하였다. 분석결과, 매개변인인 우울의 통계량은 26.3으로 나타나 통계적으로 유의하였다. 이러한 결과는 삶의 만족도에는 여가활동을 증진시키는 것도 필요하지만 우울 문제가 중간에 걸림돌이 되지 않는지 등 다각도로 삶

의 전반적인 만족도를 증진시키려는 노력이 필요함을 시사하는 결과이다.

표 16-4 여가생활 만족도가 삶의 만족도에 미치는 영향에서 우울의 매개효과(n=14,923)

변인	Model 1		Model 2	
	B	β	B	β
여가생활 만족도	.529***	.627	.454***	.538
우울			−.038***	−.277
상수	1.791***		2.599***	
F	7586.426***		5023.886***	
R^2(Adj R^2)	.393(.393)		.462(.462)	
변화된 R^2	.393		.069	

***p<.001

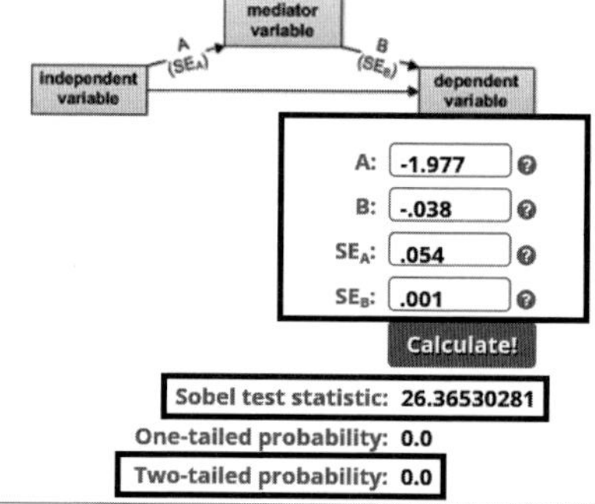

[그림 16-5] 소벨테스트 검증 결과

조를 구성하여 실습 데이터나 관심 있는 패널 데이터를 이용하여 가상의 연구주제를 만들고, 이에 따른 매개회귀분석을 수행하고 결과를 제시하라(독립과 종속 사이에서 매개의 역할을 하는 변인을 잘 모색할 것. 또한 매개효과가 있다면 완전매개인지, 부분매개인지 유의하여 분석할 것. 매개효과가 검증되었다면 소벨테스트 사이트를 방문하여 매개효과 유의도도 확인할 것).

■ 연구주제:

■ 매개회귀분석 결과:

①

(n=)

변인	B	β
상수		
F		
R^2(Adj R^2)		
( )		

②

($n=$)

변인	B	β
상수		
F		
R^2(Adj R^2)		

( )

③

($n=$)

요인	변인	Model 1		Model 2	
		B	β	B	β
상수					
F					
R^2(Adj R^2)					
변화된 R^2					

( )

사회복지현장의 빅데이터 분석과 활용

지금 전 세계는 이른바 4차 산업혁명이라는 눈부신 기술혁명에 직면하고 있다. 고도의 생산성과 효율성을 특징으로 하는 지능정보 기술은 유례없는 속도와 영향력으로 인류의 삶 전반에 거대한 영향을 끼칠 전망이다. 4차 산업혁명(the Fourth Industrial Revolution: 4IR)이란, 정보통신기술(ICT)의 융합으로 인한 혁명의 시대를 의미하는 것으로 빅데이터와 인공지능을 중심으로 급격하게 진행되는 우리 미래의 혁신적인 변화를 의미한다. 따라서 4차 산업혁명은 물리적, 생물학적, 디지털 세계를 빅데이터에 입각해 통합하고 사회, 경제, 산업 등 모든 분야에 영향을 미치는 다양한 신기술을 통해 우리 삶의 다양한 분야에서 새로운 가치가 창출되고 보다 발전하는 사회로 이끄는 역할을 수행하게 된다(복경수, 유재수, 2017; 한형상, 김현, 2017).

4차 산업혁명에서 중추적인 역할을 하게 될 빅데이터는 기존의 분석 체계로는 감당하기 어려운 막대한 데이터 집합과 이를 해결하기 위한 플랫폼, 분석 기법 등을 포괄한다. 빅데이터 처리는 방대한 양의 데이터와 데이터 생성 속도, 데이터 종류의 다양성을 통합적으로 고려하여 대용량의 데이터를 관리 · 분석 · 처리하는 과정이다. 뿐만 아니라, 이로부터 생성되는 의미 있는 정보와 지식을 통해 새로운 가치를 창출하는 과정으로 4차 산업혁명의 발전은 곧 빅데이터 기술의 적용 확대를 의미한다.

사회복지현장에서도 빅데이터의 활용을 통한 복지 정책 및 실천 개입 기반 마련을 위한 움직임이 활발해지고 있다. 따라서 빅데이터를 가용할 수 있는 능력을 갖추는 것은 반드시 필요하다. 이 장에서는 사회복지현장에서의 빅데이터의 동향에 대해 알아보고, 공개적으로 오픈된 형태의 빅데이터를 다루는 실습을 하고자 한다(김용대, 조광현, 2013; 최현수, 오미애, 2017b).

1. 사회복지와 빅데이터

4차 산업혁명시대에는 다양한 종류의 데이터를 연계하여 미래를 예측함으로써 새로운 지식과 가치를 창출하며, 기존과는 다른 새로운 시장과 상품을 만들고, 더 나은 정책을 수립 · 집행하는 과정을 마련하는 것이 핵심이다. 사회복지 분야에서도 4차 산업혁명에 대비해 빅데이터와 인공지능 기반 예측과 맞춤형 서비스 중심의 지능정보사회형 혁신적 복지전달체계 구축이 시도되고 있다(최석현, 2017; 최현수, 오미애, 2017b).

사회복지에서 빅데이터를 활용한 대표적인 예는 다음과 같다. 보건복지부와 한국보건사회연구원, 사회보장정보원, 서울대학교 통계학과가 협업하여 추진하고 있는 복지 사각지대 발굴 시스템은 빅데이터와 기계학습 방법을 활용한 복지 사각지대 위험 예측과 발굴 대상 정보 제공을 통해 현장 전문가(사회복지공무원 및 사례관리사)가 방문하여 상담하고 찾아 주는 복지를 제공하고 있다. 이를 통해 '신청하는 복지서비스'에서 '찾아주는 복지서비스'로의 전환이 가능해졌다. 대상자 중심의 편의에 기반한 복지서비스가 실현되는 패러다임의 변화인 것이다. 이는 빅데이터 구축과 인공지능 알고리즘 활용에 따른 예측 및 추천 시스템과 현장 전문가의 융합을 통한 데이터 중심 정책 추진 및 사회적 가치 창출의 대표적인 사례라 할 수 있다. 또한 이를 기반으로 4차 산업혁명시대에 대비하여 빅데이터 연계와 인공지능 활용을 통한 복지 대상 판별 및 위험 요인 예측 결과에 따른 다양한 보건복지서비스 추천 시스템과 신청이 연계된 찾아 주는 복지 패러다임으로의 전환을 모색할 수 있다(최현수, 오미애, 2017b).

이처럼 4차 산업혁명시대의 핵심은 데이터이다. 복지 분야에서도 다양한 종류의 데이터를 연계 · 분석하여 미래를 예측하고 새로운 가치를 창출하며, 특히 데이터 주도 정책 추진 기반을 구축하고 활용하는 것은 매우 중요하다. 데이터가 부가가치를 창출하는 새로운 자산으로 부각되는 4차 산업혁명시대에 국가 경쟁력 및 우리 삶의 질과 밀접한 보건복지 분야 발전의 원천은 데이터의 공유와 활용에 있다고 해도 과언이 아니다. 이를 위해서 데이터 기반

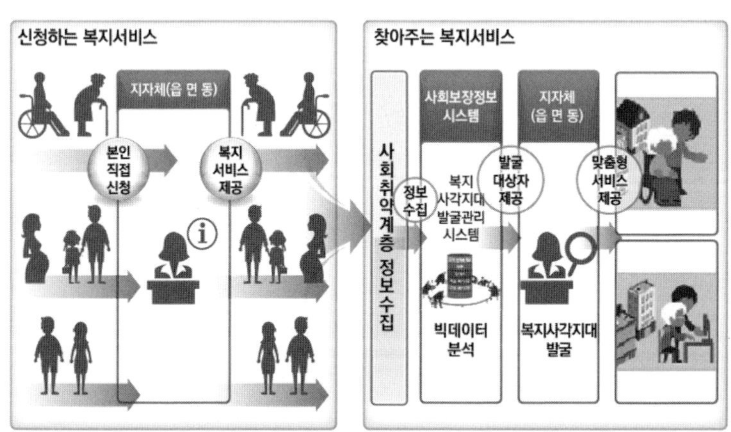

출처: 최현수, 오미애(2017a).

[그림 17-1] 데이터 주도 정책 추진 사례: 복지 사각지대 발굴 시스템

의 과학적 정책 결정이 이루어지는 예측형 · 예방형 데이터 주도 복지정책의 추진이 요구된다. 여기에는 정부를 포함한 복지 분야 전반에서 데이터 중심의 의사 결정 문화로의 변화가 필요하다. 특히 복지 관련 빅데이터 생산 · 관리 인프라를 기반으로 다양한 정책 변화에 따른 국민의 삶의 질 변화와 관련된 다양한 데이터를 구축하고 이러한 데이터를 활용한 예측 결과에 기반을 둔 정책 목표 설정과 정책 설계, 환류 데이터 분석을 통한 정책 수정과 실천이 병행되어야 한다. 또한, 복지 분야의 데이터 활용도 제고를 위해서는 데이터 거버넌스와 데이터 공유 플랫폼에 대한 정부 지원과 사회적 신뢰 기반 구축이 필수적이다(최석현, 2017; 최현수, 오미애, 2017b; 한형상, 김현, 2017).

2. 빅데이터 활용의 실제

관심 검색어에 기반하여 현황을 파악할 수 있는 빅데이터는 대표적으로 구글 트렌드와 네이버 데이터랩(네이버 트렌드)가 활용될 수 있다. 검색량과 실제의 현황이 정말 관계가 있을까? 관심이 있기 때문에 검색을 했다는 합리적인 가정하에서 실질적으로 기업 같은 경우 매출액과 함께 관심도에 높게 오른 검색어를 조합하여 통계분석을 하면 예측력이 상당히 높게 나오는 것을 확인할 수 있다. 사회복지의 경우에도 최근 들어 보건복지포털 데이터를 통해 지역별로 상담등록건수나 상담횟수 등의 실질적인 현황도 제시되고 있으므로 사회복지 관련 검색어와 이를 매칭하여 본다면 빅데이터를 활용한 훌륭한 분석 수행이 가능할 것이다.

[그림 17-2] 국가통계포털 사이트(http://kosis.kr/)

1) 구글 트렌드를 이용한 빅데이터 활용의 실제

구글 트렌드(URL: https://trends.google.com)는 검색창에 '구글 트렌드'라고 입력하면 쉽게 접근 가능하다. 구글 트렌드로 들어가면 가운데 검색란이 있는데 여기에 관심 키워드를 입력한다. '자살'이라는 키워드를 치면, 세계 여러 나라들의 일정 기간 동안에 관심을 가졌던 그래프가 제시된다. 조건들을 다양하게 바꿔 가며 분석하면 흥미로운 결과가 도출된다. 비교 버튼을 누르면 처음 입력한 키워드에 이어 이와 연관된 주제어를 추가로 검색할 수 있다(키워드 검색은 반드시 '주제'로 검색). 그러면 지금까지 입력한 키워드들이 모두 중복된 결과가 도출된다.

지금까지 검색한 내용의 숫자(검색량)는 오른쪽 중간 정도에 'CSV'를 누르면 엑셀파일로 제공된다. 생성된 파일의 숫자를 분석에 이용한다. 앞에서 배운 여러 가지 통계기법을 적극 활용하여 빅데이터를 통해 자신이 나타내고자 하는 다양한 제안들을 해 볼 수 있을 것이다. 특히 빅데이터는 시간의 흐름에 따라 데이터를 제공하고 있기 때문에 종단분석으로 연결한다면 더욱 훌륭한 분석이 될 수 있을 것이다.

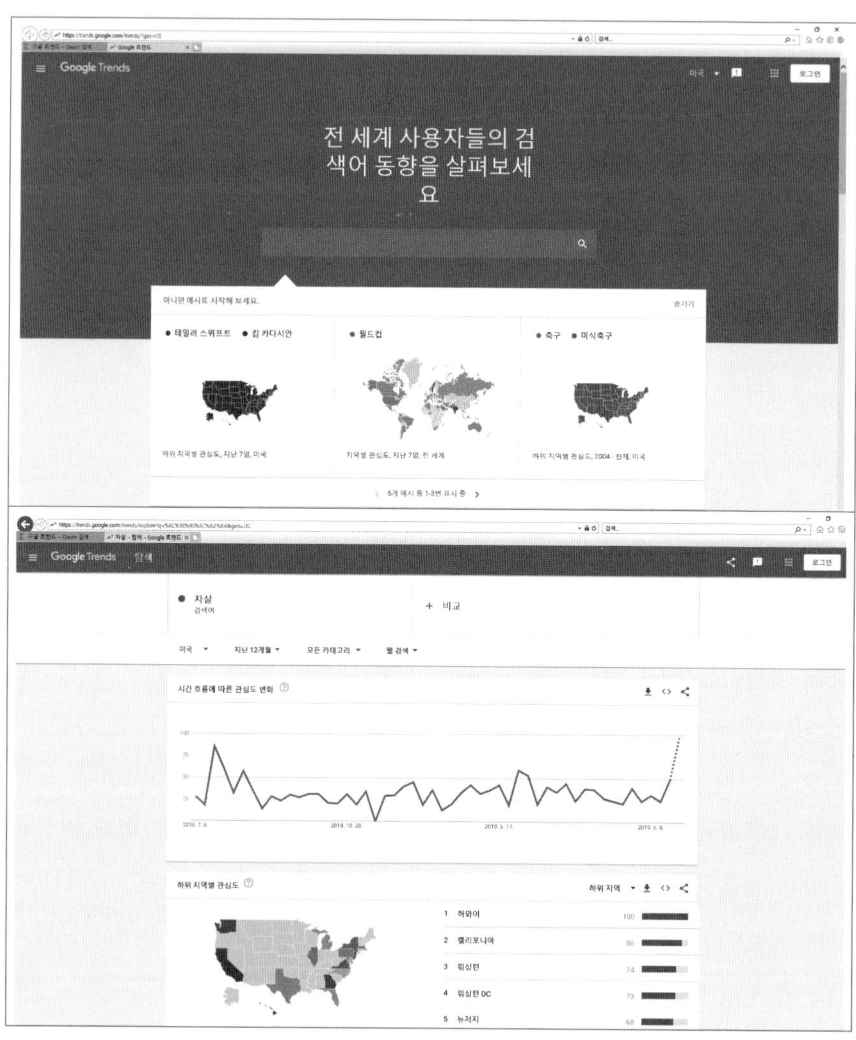

[그림 17-3] 구글 트렌드 활용하기(계속)

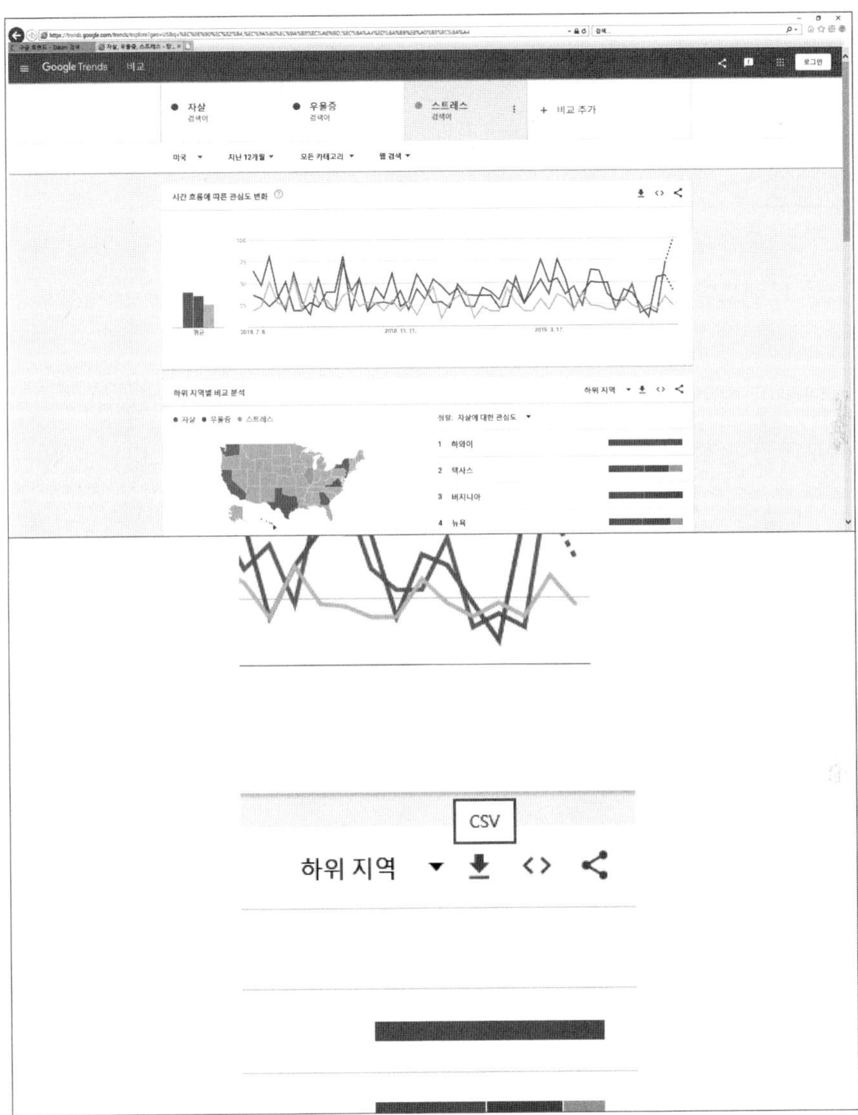

[그림 17-3] 구글 트렌드 활용하기

2) 네이버 데이터랩을 이용한 빅데이터 활용의 실제

네이버 데이터랩(URL: https://datalab.naver.com/)은 검색창에 '네이버 트렌드' 혹은 '네이버 트랜드 랩'이라고 타이핑하면 쉽게 접근 가능하다.

구글 트렌드와 마찬가지로 검색란에 들어가서 관심 키워드를 입력한다. 구글 트렌드와 같이 관심 있는 키워드 여러 개를 입력하면 이것들이 통합된 관심도가 제시된다.

네이버 데이터랩은 구글 트렌드와는 달리 검색 범위, 성별, 연령대에 따라 세부적인 정보를 제시해 주어 구글 트렌드보다 더 정교한 데이터를 얻을 수 있다. 그러나 기간은 구글 트렌드에 비해 늦게 만들어져 전체 검색 기간은 구글 트렌드가 더 길다.

관심 키워드를 검색하고 나서 하단에 있는 '다운로드' 버튼을 누르면 엑셀 파일로 관련 데이터를 바로 제공해 주며, 앞에서 배운 여러 가지 통계기법을 활용하여 분석을 실시하면 된다.

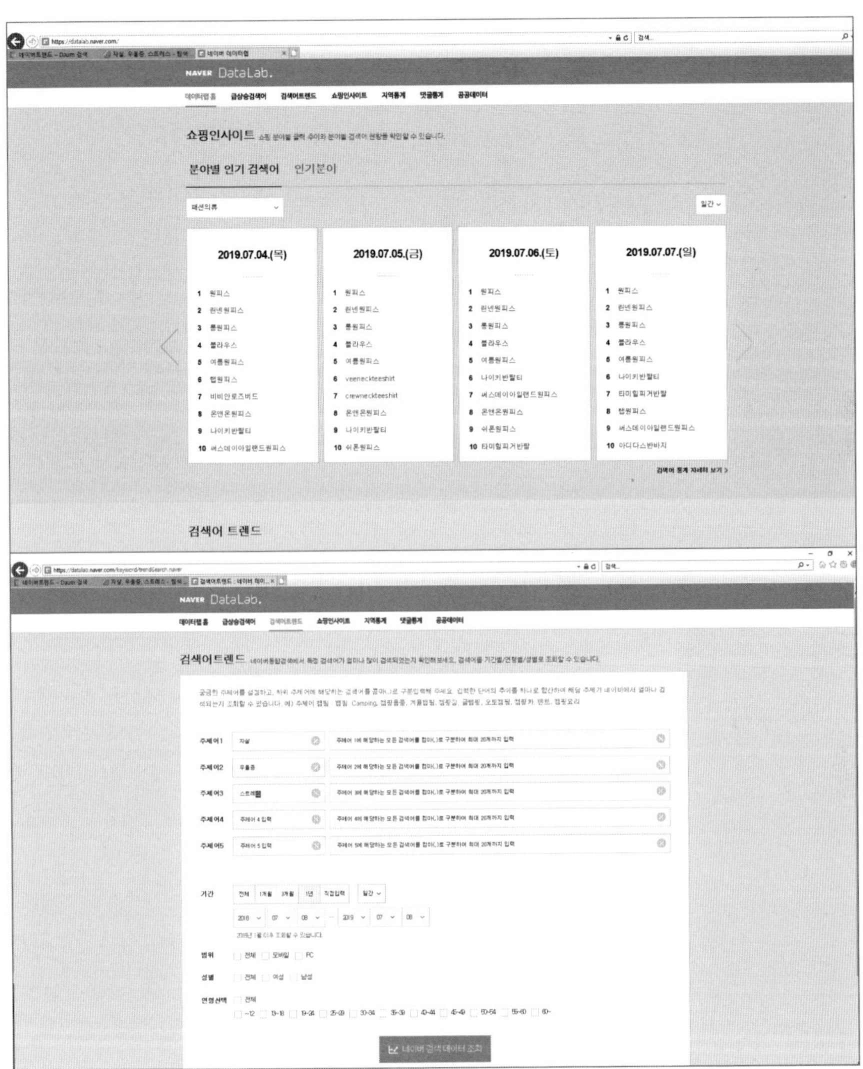

[그림 17-4] 네이버 데이터랩 활용하기(계속)

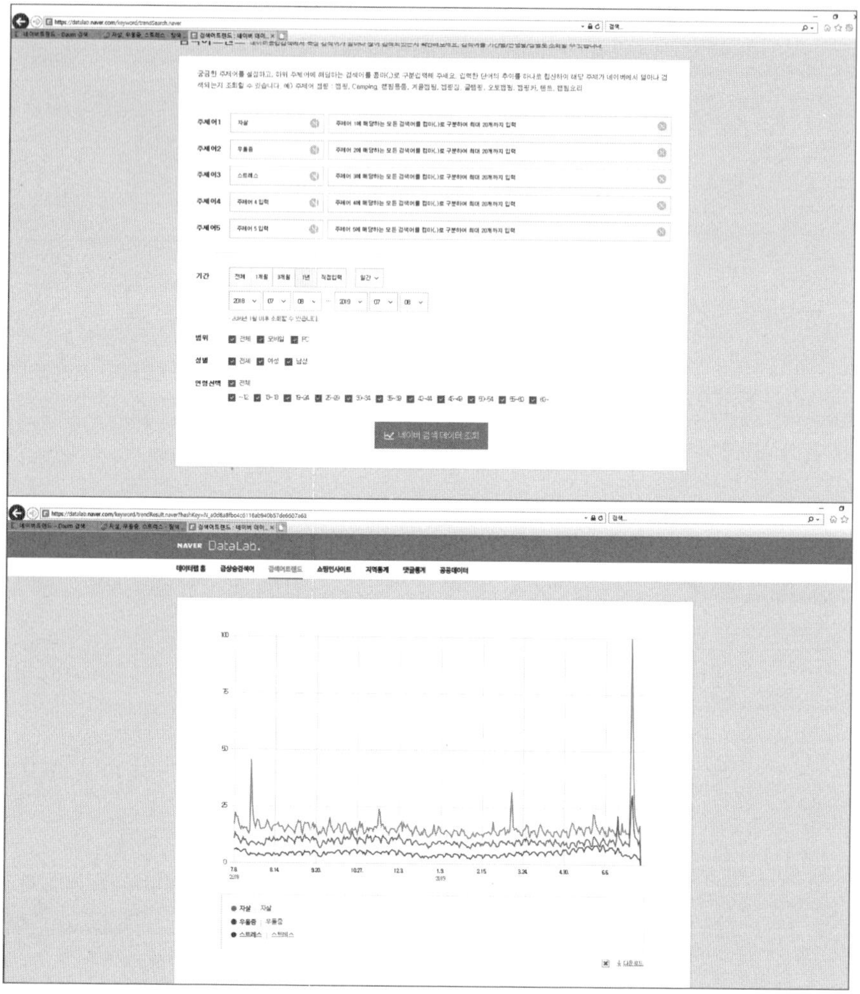

[그림 17-4] 네이버 데이터랩 활용하기

통계사냥

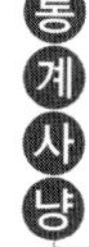

관심 키워드를 여러 개 선정하여, 이를 데이터로 만든 뒤에 앞의 여러 통계분석 방법을 활용하여 분석해 보자(구글 트렌드, 네이버 데이터랩, 각각 이용).

참고문헌

김영종(2017). 사회복지조사론: 이해와 활용. 서울: 학지사.

김용대, 조광현(2013). 빅데이터와 통계학. 한국데이터정보과학회지, 24(5), 959-974.

김표민, 김윤화(2013). 건강상의 어려움에 대한 주관적 인식이 청소년의 자아존중감에 미치는 영향. 청소년학 연구, 20(10), 143-167.

김효창(2014). 혼자서 완성하는 통계분석. 서울: 학지사.

노경섭(2018). 제대로 알고 쓰는 논문 통계분석. 서울: 한빛 아카데미.

박준성, 소용준(2017). 사회과학 연구를 위한 통계분석의 개념과 실제. 서울: 학지사.

보건복지부(2015). 농촌형 노인 자살예방모델 개발 '우리 안전망 프로젝트' 사업 보고서

복경수, 유재수(2017). 4차 산업혁명에서의 빅데이터. 정보과학회지 특별원고, 29-39.

성태제(2014). 알기 쉬운 통계분석-기술통계에서 구조방정식모형까지(2판). 서울: 학지사.

송진영(2018). 사회복지자료분석. 경기: 지식공동체.

이일현(2015). EasyFlow 회귀분석. 서울: 한나래출판사.

이종하, 조지용, 김윤화, 김표민(2019). 사회복지조사론. 경기: 양서원.

이창희, 김병, 이승명, 이용환, 이창안, 장창균(2011). 사회복지조사론. 서울: 창지사.

이채원, 김윤화(2013). 미숙아 자녀의 장애유무가 어머니의 우울에 미치는 영향. 사회과학연구, (29)2, 51-75.

최석현(2017). 4차 산업혁명 시대 복지전략. 4차 산업혁명과 사회복지 방향의 미래 워크숍.

최원석, 강순화, 박세희, 안수경(2017). 자료분석의 이해. 경기: 양서원.

최현수, 오미애(2017a). 4차 산업혁명과 지능정보사회의 새로운 사회적 위험과 복지 패러다임 전환의 필요성. 보건복지 ISSUE & FOCUS, 제333호, 한국보건사회연구원.

최현수, 오미애(2017b). 4차 산업혁명에 대비한 보건복지 분야 데이터 주도 정책 추진

필요성과 방향. 한국보건사회연구원.

한형상, 김현(2017). 4차 산업혁명과 지식서비스. 한국산업기술평가관리원 이슈리포트, 17(2), 21-43.

Baron, R. M., & Kenny, D. A. (1986). The moderator-mediator variable distinction in social psychological research: Conceptual, strategic, and statistical considerations. *Journal of personality and social psychology, 51*(6), 1173-1182.

[웹사이트]

http://klowf.kwdi.re.kr/

http://kosis.kr/index/index.do

http://panel.kicce.re.kr/kor/index.jsp

http://panel.kipf.re.kr/

http://pixabay.com

http://spss.datasolution.kr/trial/trial.asp

http://survey.keis.or.kr/klosa/klosa01.jsp

http://www.kcomwel.or.kr/Researchinstitute/lay1/S1T20C187/contents.do

http://www.nypi.re.kr/archive/contents/siteMain.do

http://www.nypi.re.kr/archive/contents/siteMain.do

https://data.kihasa.re.kr/index.jsp

https://datalab.naver.com/

https://survey.keis.or.kr/yp/yp01/yp0101.jsp

https://trends.google.com/trends/?geo=US

https://www.danielsoper.com/statcalc/calculator.aspx?id=31

https://www.icareinfo.go.kr/main.do

https://www.khp.re.kr:444/

찾아보기

1차 자료 26
2차 자료 25
4차 산업혁명 25
95%의 신뢰수준 140
99%의 신뢰수준 140
99.9%의 신뢰수준 140

Levene의 등분산 검정 148
SPSS 설치 51
SPSS 시작 52
t-검정 145
χ^2 검정 135

ㄱ

결정계수 182
결측값 58, 85
경로분석 213
고령화연구패널조사 33
공차한계 182
관심 검색어 232
교차분석 135
구글 트렌드 232
국가통계포털 사이트 233
귀무가설 22
기술통계 19
기술통계분석 105
기울기 182

ㄴ

네이버 데이터랩 236
네이버 트렌드 232
노인실태조사 33

ㄷ

다문화청소년패널조사 31
다중공선성 181
다중응답분석 113
다중회귀분석 180, 181

단계적 회귀분석 180
단순회귀분석 180
대립가설 22
대립가설기각 22
대립가설채택 22
대응표본 *t*-검정 145
더미변수 76
데이터 보기 창 53
데이터 열기 63
데이터 코딩 55
데이터 클리닝 65
도표편집기 99
독립변수 18
독립표본 *t*-검정 145
동질적 부분집합 163
등간변수 17

ㄹ

리커트 척도 105

ㅁ

막대도표 99
매개변수 213
매개회귀분석 213
매개효과 213
명령문 파일 68
명목변수 17
모수치 19
모집단 19
무응답 100

ㅂ

범위 20
범주형 다중응답 분석 119
베타값 181
변수 16
변수 계산하기 82
변수 변환하기 70
변수 보기 창 53
보건복지포털 232
부분매개 효과 214

부적상관관계 170
분산 20
분산팽창요인 182
비율 96
비율변수 17
비표준화된 회귀계수 182
빅데이터 25
빈도 96
빈도분석 95

ㅅ

사후분석 158
산재보험패널조사 35
상관계수 170
상관관계분석 169
상수 16
상호작용 201
상호작용항 202
서열변수 17
설명력 178, 182
센터링 204
소벨테스트 214
수정결정계수 182
순위형 다중응답 분석 125
신뢰도 계수 127
신뢰도 분석 127

ㅇ

여성가족패널 34
역문항 79
역코딩 83
연구가설 22
연속변수 18
영가설 22
완전매개 214
원도표 99
원자료 70
위계적 회귀분석 180, 191
유의확률 23, 173
유효 퍼센트 100
이분형 다중응답분석 114
이상치 20

일원분산분석 157

ㅈ

자기상관 170
장애인실태조사 34
재정패널 37
정적상관관계 170
조작적 정의 16
조절변수 201
조절회귀분석 201
조절효과 201
종단연구 25
종속변수 18
주효과 202
중앙값 20
증거기반실천 12
지역아동센터 아동패널 36

ㅊ

청년패널조사 35
최대값 20
최빈값 20
최소값 20
최소제곱법 179
추리통계 19
출력결과 61

ㅋ

카이제곱 검정 135
케이스 선택하기 87
코딩북 39
크론바흐 알파계수 127

ㅌ

통계 15
통계검증의 원리 23
통계적 통제 177, 180
통계치 19

ㅍ

패널데이터 29
퍼센트 100

평가판 51
평균 20
표본 19
표준오차 20
표준편차 20
표준화된 회귀계수 181, 182

ㅎ

한국복지패널 30
한국아동 · 청소년패널조사 30
한국아동패널 32
한국의료패널 36
회귀계수 187
회귀모형 187
회귀분석 177
회귀선 178
효과 214
히스토그램 99

저자 소개

김윤화(Kim Yun Hwa)

숭실대학교 대학원 사회복지학 박사

근로복지공단 인천병원 의료사회복지사 · 정신건강사회복지사

부천시정신건강복지센터 정신건강사회복지사

새하늘병원 정신건강사회복지사

보건복지부 농촌형 노인 자살예방모델 개발 연구 조교

근로복지공단, 한국정신보건사회복지사협회 외부 슈퍼바이저

한국군사회복지학회 총무분과위원장

현 유한대학교 보건복지학과 조교수

〈자격〉

사회복지사 1급

정신건강사회복지사 1급, 2급

의료사회복지사

사회조사분석사 2급

사회복지자료분석론
Data Analysis Methods in Social Welfare

2019년 9월 10일 1판 1쇄 인쇄
2019년 9월 15일 1판 1쇄 발행

지은이 • 김윤화
펴낸이 • 김진환
펴낸곳 • ㈜학지사
04031 서울특별시 마포구 양화로 15길 20 마인드월드빌딩
대표전화 • 02-330-5114 팩스 • 02-324-2345
등록번호 • 제313-2006-000265호

홈페이지 • http://www.hakjisa.co.kr
페이스북 • https://www.facebook.com/hakjisa

ISBN 978-89-997-1938-7 93330

정가 15,000원

이 도서의 국립중앙도서관 출판시도서목록(CIP)은 서지정보유통지원시스템 홈페이지(http://seoji.nl.go.kr)와 국가자료공동목록시스템(http://www.nl.go.kr/kolisnet)에서 이용하실 수 있습니다.
(CIP 제어번호: CIP2019034754)